梁大年的蓝海

陪你迈向理财更高点

简倩如 ◎ 主编
梁大年 ◎ 著

中山大学出版社
SUN YAT-SEN UNIVERSITY PRESS

·广州·

过去、现在与未来,
我都在孜孜不倦地寻找那一片蓝海,
那一扇财富之门,
那一扇理想之门。

三十五载,理财界纵横驰骋;
先人一步,蓝海中尽情遨游。

梁大年的蓝海

陪你迈向理财更高点

这是一个关于寻找蓝海的故事，一个少年奋斗至CEO的故事，一个有血有肉、娓娓道来却会让你听起来忘记时间、忘记人物、忘记周遭一切的好故事。

作　　者：梁大年
主　　编：简倩如
出版机构：中山大学出版社

版权所有 翻印必究

图书出版编目（CIP）数据

梁大年的蓝海：陪你迈向理财更高点/简倩如主编；梁大年著．—广州：中山大学出版社，2014.10

ISBN 978-7-306-05068-7

Ⅰ.①梁… Ⅱ.①简…②梁… Ⅲ.①梁大年—自传 Ⅳ.①K825.38

中国版本图书馆 CIP 数据核字（2014）第 247833 号

Liang Danian de Lanhai:Pei Ni Maixiang Licai Genggaodian

梁大年的蓝海：陪你迈向理财更高点

简倩如/主编　　梁大年/著

策　　划　　 WIN CONCEPT 威确文化中心（附属威确顾问有限公司）

出 版 人：徐　劲
责任编辑：曾育林
封面设计：林绵华
装帧设计：林绵华
责任校对：赵　婷
责任技编：黄少伟
出版发行：中山大学出版社
电　　话：编辑部 020-84111996，84113349，84111997，84110779
　　　　　 发行部 020-84111998，84111981，841111160
地　　址：广州市新港西路135号
邮　　编：510275　　 传　真：020-84036565
网　　址：http://www.zsup.com.cn　E-mail:zdcbs@mail.sysu.edu.cn
印 刷 者：广州家联印刷有限公司
规　　格：787mm×1092mm　1/16　13印张　150千字
版次印次：2014年10月第1版　2014年10月第1次印刷
印　　数：1～3000册　　　　 定　价：60.00元

如发现本书因印装质量影响阅读，请与出版社发行部联系调换

目录

序 言

序一 那些年，我见证了广达 赵善铨 / 2
序二 慷一己之慨，助美好人间 马正兴 / 5
序三 CEO 的关键词 幸公杰 / 8
序四 大年其人 林齐国 / 12
自序 致，每一个你 梁大年 / 15

第一部 寻找蓝海：我与广达的致胜关键

引子 广达十五周年庆典前夕 / 3

第一章 初入社会 / 5
三十六计，走为上计 / 5
听妈妈的话，改变我一生 / 8

第二章 转做销售 / 13
第一位贵人 / 13
第一个梦想 / 18
重返校园 / 22
第一封自荐信 / 25

第三章　初涉蓝海 / 28
  闯入金融圈 / 28
  十六年，伯牙与子期 / 33
  明天，请许我一个未来 / 38

第四章　创立广达 / 42
  重燃激情 / 42
  广达就是大品牌 / 48
  神奇的"101" / 51
  找到蓝海 / 54

第五章　首临危机 / 60
  SARS 来了！/ 60
  解散直销部 / 64
  深入台湾 / 67

第六章　海外拓展 / 71
  两个教训 / 71
  登陆日本 / 75
  冲向印度尼西亚 / 78
  屡创奇迹 / 81

第七章　再临危机 / 85
金融海啸 / 85
全体减薪 / 88
迈向更高点！ / 93

第八章　危机在未来 / 97
第三次危机 / 97
六大部署，防患于未然 / 100
要做百年老店 / 108

第二部　我的第二身份

第一章　狮子会会长 / 113
演讲的艺术 / 113
开会的哲学 / 115
助人＝出钱＋出力＋出心 / 117

第二章　获嘉奖的救伤队总会长 / 119
历史悠久的救伤队 / 119
像纪律部队一样要求自我 / 122

第三章 中国山区的"梁校长" / 124
成立广达爱心教育基金 / 124
亲自挑选受助学生 / 126
做一回跳车英雄 / 128
当上"梁校长" / 131

第四章 大学客座教授 / 134
广达与多所高校合作 / 134
创办广达理财学院 / 136

第五章 我就是我,梁大年 / 139

第三部 核心价值:为你筹划没有风险的人生

第一章 我的哲学:成为 CEO / 143
另类 CEO:宽待他人,严苛自己 / 143
CEO 的人才经:量体裁衣,用人不疑 / 147
CEO 的接班人:建立梯队储备 / 151
生活中的 CEO:爱高尔夫,也爱电影 / 153

第二章 CEO 点评:理财是一门艺术 / 155
对想入行和刚入行的年轻人
　　——金融有风险,入行需谨慎 / 155

对大众投资者
　　——不要把鸡蛋放在同一个篮子里 / 158
对投资理财这一行
　　——亚洲投资形式将改变 / 160

第三章　CEO 对谈录 / 161

理财顾问的门槛在哪儿？ / 161

为什么广达能取得这样的成绩？ / 163

创立广达十五年，有什么感悟？ / 164

有没有想过退出这一行，退出这个游戏？ / 165

你认为自己最大的成就是什么？ / 166

你认为家境对青少年的发展影响有多大？主要影响是什么？ / 167

你如何教育下一代？ / 168

回望大半生，你是否做过一些后悔的决定或者过错？有何教训？ / 169

第四章　CEO 寄语：我有一个梦想 / 170

主编后记　让"态度"伴你追梦　简倩如 / 172

梁大年的蓝海

陪你迈向理财更高点

序言

序 一

那些年,我见证了广达

2014年,广达理财集团满十五周岁了。我在欣慰之余,也替我的好朋友——梁大年先生由衷感到开心。

我和大年的渊源,早在广达成立之前就开始了。由于我们都从事理财行业,常在一起互相交流工作、事业发展愿景,还有彼此的梦想。大家领域相同,有共同话题,而成为十几年的朋友。

也正是因为我们之间的友情,在事业上的频繁交流,所以后来大年创立广达公司,我一点儿也不意外,从我对他的个性之了解以及他对理财行业的热爱来看,他创立广达,是水到渠成的事儿,像他在本书中写的:"天时、地利、人和万事俱备,借东风,开广达!"如果用道家的哲学思想来分析:凡事顺势而为,不加人为凿刻之痕迹,反而像是浑然天成的自然成品。

当然，大年领导下的广达，也经历了不少风风雨雨。成长的道路走得并不那么顺畅而无忧无虑。十五年来，广达也发生了几次危机，但大年最终都让这些危机得到化解。广达一次次渡过危机，渡过难关，最终微笑着迎接它的十五岁生日了。

犹记得，广达创立那一天，我应大年之邀，出席了开业典礼，在现场和他一起见证了广达出生的喜悦。广达成立最初，做的都是基金、强制性公积金（MPF，简称"强积金"）等业务，而我进入瑞士盈丰银行工作，主理私人银行业务，因此大家所主打的目标客户市场不同，但即便如此，我们依然保持着交流。

进入千禧年之后，广达开始做保险业务，并在"非典"疫症（SARS）前后，开拓了中国台湾地区、日本等市场，在当地推广他们自己的产品。

对于广达的发展，我很关心，也很了解。可以说，广达由出生到成长壮大至今，这些年，我一直是见证者。

诚然，广达的每一份成绩，在很大程度上离不开大年的深谋远虑。我一直认为，他在理财方面很有天赋，眼光独到，视野卓越。他总是愿意"众人皆醉我独醒"，先人一步去思考如何预防危机，更先人一步去发掘那些远方的蓝海市场。

除了市场头脑与眼界，大年还有着极强的韧性与坚持。他从不放弃尝试开发新的产品，并向客户推广。这些，都助他在理财界脱颖而出，一次次创下奇迹。

虽然他具有不凡的生意头脑，但我所了解的大年，却并非一个商业化的生意人。他心地善良，为人热忱，待人接物均报以真诚，热心助人，其中也包括帮助他的客户、他的员工。

举例来说，大年历来很为客户着想。他总是愿意付出更多努力，去帮助客户争取更多更好的"待遇或条件"，所以客户们也很信任他、信任广达。我想，这些也是广达的致胜关键。

我很高兴见证大年创立的广达，由一间小型的理财公司，逐步发展成为跨国机构，在东南亚市场书写下骄人的成绩。我衷心希望，大年能够执其牛耳，广达能够持续发展，未来能在更多国家和地区站稳脚跟，笑傲江湖，为我们理财界争光！

赵善铨

行政总裁

亚太区

瑞士盈丰银行 (EFG)

2014 年 9 月

序 二

慷一己之慨，助美好人间

屈指算来，从 1994 年加入开始，梁大年成为香港圣约翰救伤队的一员，已有足足二十年历史。这二十年来，大年一直是一位热心队务、不遗余力的好队友，为香港圣约翰救伤队的发展，作出了诸多贡献。圣约翰救伤队这些年来的成绩，其中有大年的一分汗水和辛劳。

2008 年，国际级体育赛事——奥林匹克运动会，在北京召开。对于这场举国盛事，国人们在兴奋期待之余，也都力尽所能，为北京奥运会增添薪火。当时流行的那首歌《北京欢迎你》，邀请了全国知名歌手齐齐演绎，很好地表达出当时的气氛：

"我家大门常打开，开放怀抱等你……不管远近都是客人，请不用客气……北京欢迎你！"

举国盛事，香港圣约翰救伤队自然义不容辞，也要出自己的一份力量。由于我们是一个慈善组织，资金来源都是社会人士的馈赠和资助，因此，为了圣约翰救伤队能够北上为北京奥运会奉献绵薄之力，大年二话不说，以私人名义赞助了这次活动。不但出钱，他还出力、出心，亲自带团，带领二十多名队员，北上支持北京奥运会。

在北京奥运会服务，大年带队，为其中几场奥运赛事提供现场辅助医疗和急救服务，用我们圣约翰历史悠久的急救服务和理念来支持奥运。不仅如此，他还和团员充当赛事的拉拉队，为运动员打气、加油！

这一次北京之行，对香港圣约翰救伤队而言，是值得纪念的一页。对此，我很感激大年，就是他这种做公益亲力亲为的精神，塑造了一个个感人的故事，也帮助圣约翰救伤队为社会作出更多贡献。

因此，大年还曾经获得香港行政长官嘉奖状，为了嘉奖他在救伤队所作出的奉献。

大年是救伤队之光、慈善之光，他为人十分慷慨，乐善好施，在各个方面，如参与活动、经济支持等都对救伤队奉献良多。在此，我不能一一枚举。

但我知道，他所做的，正是出自他一腔真诚、满腹慈念。他总认为，人的成功不是必然，因此要懂得感恩，要回馈社会。做义工，便是他选择的回馈社会的方式之一。他常说，助人即是助己，不应该计较个中得失，而应该宠辱不惊。为了更好地担任救伤队的队务工作，他还自己主动去学习了所有的急救和救伤的课程，这对于一个平日里工作缠身的公司 CEO 而言，实属难能可贵。因此，他的一片善心、一腔热血，令人感动！

作为香港圣约翰救伤队的总监，我很荣幸能与大年一起并肩担负社会使命，多年来合作默契，在无数的时间和空间里洒下我们的汗水，绽放我们的微笑。未来，香港圣约翰救伤队将继续致力于为社会奉献力量，以令社会变得更加美好，为我们的愿景默默奉献，不求回报。未来的路，希望能与大年及其他队友们再一次启程，互相鼓励、互相扶持，走在慈善这条光明而温暖的路上！

马正兴（医生）

香港圣约翰救伤队总监

北京急救中心顾问

中国医院协会急救中心（站）管理分会名誉副主任委员

2014 年 9 月

| 序 三 |

CEO 的关键词

我与梁大年最初相识，可以追溯到 1981 年，迄今已有三十三个年头了，可以说友情深厚。我们的友情甚至覆盖到我们各自的家庭，两家的互动也很频繁。这次，大年要出版他的自传《梁大年的蓝海——陪你迈向理财更高点》，诚邀我写序。

作为与他相识超过三十年的资深好友，我想从大年的性格特点方面介绍一下他是一名怎样的 CEO。

诚然，大年作为一名 CEO，是十分成功的。依我看，他的个性中具备了以下特点，而这些，我认为是他作为一名 CEO 所必备的关键词。

坚韧不拔

宋代文豪苏东坡在《晁错论》中写道："古之立大事者，不惟

有超世之才，亦必有坚韧不拔之志。"

其实，不但是要成就一番事业，对于任何有梦想有追求的人而言，要实现自己的理想，抵达梦想的彼岸，都应该具备坚韧不拔的个性。大年正是如此。他是个意志坚定，不怕失败，敢于追求，勇于造梦的人。追梦路上总有风雨，但他凡事不轻言放弃，绝不因一时之困苦而颓丧，心生怯意，反而越挫越勇、百折不挠。

勤奋

什么是天才？大发明家爱迪生的名言总结得至为经典：所谓天才，是百分之一的天分，加上百分之九十九的汗水。其实，成功也是如此。勤奋，是一个人获得成功的基本功，是通往成功的路途。大年是个非常勤奋的人，他不辞辛劳，不怕艰苦，挥洒汗水，不肯停下来坐享暂时的喜悦成果，常年都在为他的事业而四处奔忙，一直往前飞，飞向自己的梦想之地。他的勤奋，作为朋友，有目共睹。

坦诚

大年待人很真诚。作为一名挚友，我很了解他的待人之道：心怀坦荡，古道热肠。他很愿意帮人，而且不计回报，不怕吃亏，他认为吃亏是福。这种坦诚的个性在现代社会非常难得，尤其他是一名理财集团的 CEO，几十年来能保持这种真诚的心怀，对待员工与客户皆如此，因此他的人缘一直很好。这点也帮助他在做生意方面顺风顺水，一路高歌猛进。

亲和

亲和就不用说了。认识大年的人，哪怕只是打过几次交道的人都知道。他身上毫无一名行政总裁、董事局主席的架子，为人平易近人，容易让人亲近。他身上没有商人的戾气，没有生意人的市侩，这也是他得到众多人支持的原因之一吧。

细心

大年颇具绅士风度，只要他在场，必定将其他人照顾好，尽量关注他人的需求，尽力帮助他人，在很多细节之处，别人还没有注意到，他已经留意并且将它们处理好了，他的这个优点，让人与他相处时，非常舒适，没有压力，而且很放心。因为有大年在，相信一切都不用担心。

妥协精神

作为公司的CEO，不但是值得骄傲与自豪的成就，也会有问题需要去解决，大年也未能免俗。不过大年这个CEO做得颇为艺术，他在与管理公司以及客户相处时，不是事事要强，而是尽量从对方的立场去考虑问题，多为对方着想，愿意"退一步，海阔天空"，以求获得大家满意的结果。他不希望给别人造成困扰，初衷都是希望对方好、大家好。

作为一名与大年私交甚笃的知己好友,我很有幸能有大年这么好的一个好朋友,相识、相交、相知。时光如白驹过隙,一晃竟过去了三十余年,与大年最初相识的场景我还历历在目,而这些年来,大年与我的友谊更是让我珍惜而回味。大年是成功的CEO,更是值得深交的真汉子、一个好人。

未来,愿大年的事业乘风破浪,直达他所追求的蓝海。也愿我们的友谊地久天长,"说有万里山,隔阻两地遥,不需见面,心中也知晓,友谊改不了!"

幸公杰

现为中国金融界专才

2014 年 9 月

序 四

大年其人

欣闻大年即将出版个人的自传,邀齐国作序。齐国深感荣幸。

提起笔,千言万语,百感交集,一时间,往事又浮出水面,涌上心头。

齐国和大年相识已有十多载,算得上历史悠久的好友。作为大年的老友记,齐国想借此机会,说说我心目中的大年其人。

与大年初相识,是在狮子会。狮子会是全世界最大的服务性社团,遍及全球209个国家和地区,无数爱心人士义务加入,倾其力量来行善助人,大年便是其中之一。

大年加入狮子会已有十八个年头,而齐国加入狮子会则已经超过三十年。因为都是白手起家,在创业的过程中,齐国深深体会从零开始创立一间企业,需要克服多少困难与障碍,尤其是在

创立之初，人力与财力皆相当贫乏的状态下。齐国和大年互相欣赏，惺惺相惜，日久年深，便成为知己好友。

大年其人，待人热情，平易近人。以其今时今日的身份和地位，初次与大年见面的人，也丝毫感觉不到大年的"架子"所在，无论是大富大贵，还是平头百姓，大年都一视同仁，热情款待，礼貌和蔼。即使大家刚刚认识，大年也能像对待一个熟悉的好朋友一样，坦诚与之交流，甚至交心。因此，大年的相交满天下，不论是新朋，还是老友，走到哪儿都有朋友相助，对大年都是一颗真心相付。

大年其人，勤奋克己，宽厚待人。大年常与齐国聊起事业和理念：蓝海市场。在齐国看来，大年已然深谙个中玄机，如武侠天才拾到一本武林秘籍而心领神会，遂成大器。在他人还在为眼前的市场能分一杯羹而欣然自得时，大年已像先知一般预知未来这片土地必成红海，因此，当别人沉睡时，大年已提前出发去寻找蓝海。因此，大年总是不肯停下来坐享其成，总是要像朝圣者一样一直向前，找到一片蓝海，就再找第二片，第三片……当然，大年的确是成功的，但大年不肯独享成果，总要与所有人一起分享，甚至厚待他人，严苛自己，当真是前所未有的另类老板。

大年其人，真诚善良，心地柔软。作为好友，齐国每每见大年遇事从不吝惜自身，绝对是慷慨助人，且亲力亲为，十多年如一日。大年还在中国内地捐资助学，于基层教育领域奉献其所能，更难能可贵的是，大年不但出钱，更是出力、出心，不怕山路崎岖，亲自前往山区探访受捐助学生，不禁令人动容！感动之余，齐国想这的确是我了解的大年，因大年嘴里经常挂着的一句话是："帮人便是帮自己，因为帮人，人家开心。我见到人家开心，我便开心。"这就是他帮人的目的、出发点。其真诚善良，可昭日月。

且让齐国将满腹话语，尽化为深深的祝福：去日不再，来日可期。祝愿大年能继续乘风破浪，运筹帷幄，达至心中所愿。也希望大年在生活中能健康幸福，享受人生。

林齐国
第 49 届远东暨东南亚狮子年会主席
2014 年 9 月

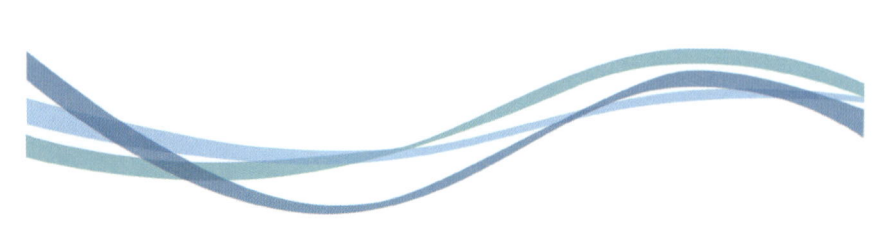

自 序

致，每一个你

2014年，广达理财集团昂首踏入十五周年，而我踏入理财界也已有三十五年之久。为了给自己这三十五年的理财生涯做一个总结，也为了庆祝广达成立十五周年，我欣然写下这本《梁大年的蓝海——陪你迈向理财更高点》，既是送给自己与广达的一份礼物，也希望与诸位读者和关注理财的人士共享我在理财行业的心路历程与经验体会。

同时，我希望呈现在你面前的这本书更是一本励志读物，让年青一代的理财人才与有志进入这一行业的青年人，能从中获得一些启发，激发他们在理财这条路上，走得更远，走得更好。

这本书的出版，还带着我在很长的岁月里，一直想说，而一直未曾说出来的感谢。这谢意，无法丈量，因为放在心里太久，

反而不知如何启齿，让它从心里到嘴里，再到空气里，自然地说出来。于是，我用了一个计谋，花了点心思，把这无尽的感谢偷偷藏进这本书中，若蒙诸君不吝展阅，不妨有心找找看，它们，都到哪儿去了。

是的，你没有看错。有心的人会看到它。在每个段落之间，在每句停顿之间……满纸皆感言，平生酬壮志。如果没有你，没有你们，没有每一个你，我的人生，广达的命运，将会是怎样的一番景象？我不能想象，也不愿猜测。因为，幸好，幸好有你们，幸好你们都在。无论如何，是你们造就了我！

对身边每一个重要的不可或缺的你，奉上我最衷心的感谢：

感谢我的员工们，因为你们，才有了广达强健而跳动的脉搏，年轻而蓬勃的生命；

感谢我的客户们，因为你们，才有了广达蒸蒸日上的生意，欣欣向荣的面貌；

感谢我的代理人们，因为你们，广达像一只矫健的雄鹰飞过了五湖四海，足迹踏遍亚洲地区，身影在欧美盘旋栖息；

感谢我的合作伙伴们，因为你们，广达才有了赖以并肩奋斗、南征北战的强大资源与力量；

感谢我的竞争对手们，因为你们，广达才有了更清晰的目标，更强大的竞争力，更广阔的天空；

感谢过往所有雇佣过我的老板们，因为你们，我从一个青涩少年，一步步成长为理财集团 CEO，中间的坎坷和汗水、经验与历练，都是你们赐予我的人生财富；

感谢我的家人，我的朋友，因为你们，我在这个世间不再是孤身一人，孤舟一叶，我变得从容，变得淡然，变得有责任感，我生命的层次变得丰富，我的生活精彩纷呈；

感谢我今生遇上的每一个人，每一处风景；

感谢你们丰富了我的人生。

最后，感谢所有曾经的苦难、危机、波折和障碍，你们的出现，让我在今天拥有好故事可以说。

理财，不仅是一种让财富增值的方法与工具；理财的极致，应该是一门艺术，它优雅而睿智，深刻而丰富，时而明快，时而神秘莫测、雾里看花。要想看透它的内里，作为理财专业人士，需要的是穿透云层的犀利目光，勇往直前的奋斗精神，绝不言弃的意念与坚持，始终如一的默默耕耘，还有最重要的，保持旺盛而新鲜的创新思维，求知若渴的虚怀若谷。

拥有这一切特质，你将会是一位具有潜力的理财专业人士；并且，在理财界行走数十年之后，当你回首你在这一领域的足迹，你也会拥有一个精彩的、足以启迪更加年青一代的故事来与人分享，就像今时今日的我一样。

如果你问我，如何评价我的一生，我会觉得，它就像一杯黑咖啡，先苦后甜，苦中回甘，回味无穷，久久难忘；抑或，它也可以像一杯白酒，浓烈而丰盛，醇香而绵长，一杯饮尽，万千滋味浮上心头。

回首过往，无论是烈酒抑或清饮，都代表了这一路上，我以及广达的奋斗历程。拥有这精彩的往事，拥有可以展望的将来，我是富足的、幸福的、无悔的。

所有的故事，在写完这本书之时，便盖棺论定，随风而去。但关于创业的记忆，理财的悲喜，却从未离开，像烙印留在身体里。此时的我，面对这本自白书，面对自己，莫不如诗人叶芝在《随时间而来的真理》中的诗句："我在阳光下抖落我的枝叶与花朵，现在我可以枯萎而进入真理。"

梁大年
2014 年 9 月

▎导　读▎　一切，尽在这一片蓝海

如果让我讲，我想讲讲那一片蓝海：如果没有这片蓝海，或许今天的我，不会是一位坐在金融区的写字楼中气定神闲、运筹帷幄的CEO，而只是一名坐在市民公园中踱步吹水的退休人士；如果我不是一直遨游在蓝海之中，广达公司今天不会成为香港理财行业的龙头企业，我也不会被业内人士尊称为"大哥"。

我想告诉你，我是怎么找到我的蓝海；当蓝海由于更多人的加入，变成角斗厮杀的红海，我又如何先人一步，找到我的下一片蓝海；我还想告诉你，我能找到蓝海，你也能：这片蓝海不只是帮你赚钱，让你的财富像雪球一样越滚越大，它还会告诉你更多你不知道的事儿。

一切，尽在这一片蓝海。

梁大年的蓝海

陪你迈向理财更高点

第一部 寻找蓝海：我与广达的致胜关键

三十五年的理财心得
广达十五年的致胜关键
就从这里揭晓

梁大年的蓝海
陪你迈向理财更高点

引子 | 广达十五周年庆典前夕

2014年8月的某一天,香港金融区某大厦里,我坐在26楼的会议室,对面是两位客人。今年是我创立广达理财集团公司的十五周年,公司决定要在11月份举办一次大型的庆典,这段时间一直在紧锣密鼓地筹备当中。为了配合这次庆典,我们会准备一系列的活动来造势。

大家都在集思广益,希望将这次的庆典举办得有声有色,回馈一路支持我们的、关心广达的所有人。包括,出版一本书籍,作为对我本人,也对广达的一次总结,用它与所有人分享我们的这一份喜悦。

为了这次庆典,我让人重新装修了公司写字楼,请设计师设计了会议室。会议室一共有7间,按不同风格装修,今天招待客人的是欧洲私人银行风格的。会议室装上了明亮的落地大玻璃窗,时值上午10点,阳光晴好,洒落在窗外,衬得繁忙的香港金融区——中环的街景有一种油画般的质感。

是的，这儿很美，然而穿透这种表面的美感的粉饰，内里却是一片没有硝烟的战场。无数大大小小的金融、投资公司就藏身于窗外这些各具特色的摩天大楼中。今天的股市已经开市了，恒生指数上上落落地波动，牵动着他们的神经，左右着他们的心跳。他们静默而生动，在你看不见的地方默默努力，发挥着香港古老的奋斗精神，跟金融业激烈的竞争较劲，跟金融区天价的租金较劲，跟这个看似风平浪静，实则暗涌不断的大社会环境较劲。

那又如何？大家都活得生机勃勃，一派欣欣向荣。换而言之，能够在竞争激烈的金融区拼杀出自己的一条路出来，不但站稳脚跟，还一路发展壮大，如今在热火朝天地筹备着自己十五周年的庆典，斗志昂扬地迈向下一个十五周年，甚至更久……这本书，说的是我的故事、广达的故事。而广达公司这一路走来的历程，我与广达这十五年的守望相助、同舟共济，本身不失为一个故事吧，一个真实的动人的故事，我想。

然则，这个漫长的故事，要从哪儿开始呢？

或者，就从那一次，那一位离家出走的少年开始吧……

第一章　初入社会

12 岁

出走的少年

从此跳入一片广阔天地

三十六计，走为上计

我终于逃出来了。

此时，我走在路上，迎面的风是轻盈的。我的呼吸急促而兴奋，心跳还维持在刚刚奔跑时的 120 次 / 分的节拍。或者，如果此时你碰巧遇上我，还会看到我额头细密的汗珠、东拉西扯的校服和一个已褪色的扁扁的背包。虽然行囊羞涩、家当简陋——这绝不是一个思虑成熟、富有出走经验的人该干的事儿，但我的脚步依然是从未有过的轻松。

12岁之前,我没指望过会逃跑成功。我记得我前后一共尝试过逃跑3次,都以失败而告终。

你问我为什么要逃跑?这得说说我爸。

若要形容我爸,中国传统文化中的"严父"一词用在他身上真是再贴切不过了。他老人家深信的教育信条是:棍棒底下出孝子。而我,当年作为一名十来岁的男孩子,淘气简直就是天性。于是你可以想象我的待遇。

挨打多了,我开始琢磨对策,大丈夫生死,但求重于泰山,不可轻于鸿毛。我不能就这样"坐以待毙"。

我想到了离家出走——一个义无反顾、英勇豪迈的主意。想象一下,轻装上阵,浪迹天涯,总有那么点儿武侠小说里大侠的味道。

要知道,那些年代流行的便是武侠小说报纸连载,身为男生,受到这些英雄人物的故事熏陶,都有种将来要做大侠的豪情壮志。什么未来,什么职业愿景,对于那时的我们真是闻所未闻,唯一跟梦想有关的念头就是向大侠看齐:锄强扶弱,替天行道。

但,如何能像大侠一般,成功并优雅地完成一次逃跑?

当时的文化出版业不如现今这般丰富多彩,也没有发达的网络资源。《孙子兵法》虽然位列中国古代三大谋略奇书,个中计谋甚多,也只是略微提到:三十六计,走为上计,却没有详细深入地介绍如何策划一次富有技术性的逃跑方案:例如,具体怎么走,路线如何设计,带什么东西最实在,要找什么人接应,逃出来之后该怎么生活,等等。逃跑是门学问,内里问题纷繁复杂。

于是,在失败的日子里,我刚走到家门口外面的那条巷子,就被我爸像老鹰抓小鸡一样的拎了起来,回家等着我的丰盛大餐,自然是一顿好打。

痛定思痛,总结经验教训,我一次次修改与完善我的逃跑大计。

最终,我成功了。孙子如果还活着,怕是也要对无师自通的我刮目相看了。

我走在路上,外面天大地大,青天白日,我心中充满了希望:不论怎样,我相信自己绝不会饿死。

我不喜欢读书,厌烦老师那些昏昏欲睡的讲义,这也是我爸常常对我生气的原因之一。我承认,我不是一个好学生。既然如此,那我便不要读书吧。我深深吸了一口外面世界自由的空气,把心一横:找工作去!

这时的我,还远没有意识到,这场跟出走有关的事儿,正是我踏入社会的行礼如仪般的开始。从此,我进入社会的洪流之中,摸爬滚打,一步一步创下辉煌成绩,闯出一片自己的天地,再不复当年那个出走的少年。

听妈妈的话，改变我一生

后来，我家的邻居跟我妈说："梁太，我看见你儿子在某店打工哦！"

这几天，为了找寻这个失踪了的小儿子，我父母已经找遍了能想到的地方。一无所获，心急如焚。听到邻居带来的这个消息，我妈如梦初醒，毫不犹豫地冲出了门。

我父母不是香港的原住民，是从中国内地迁来香港的。在来香港之前，我妈曾是南京大学的学生，在那个时代已算是高知识分子。来到香港后，她受聘于一家酒店，担任会计工作。

从某种程度上来说，我们家挺前卫的，因为我父母的角色跟传统家庭的分工恰好相反。我妈在外工作养家，我爸在家照顾我和我姐。所以说，在当时那个时代，我妈算得上是少有的事业型女性了。

现在回想起来，当时我妈的言传身教对我的影响还是很大的，例如，她工作严谨而专注，备受公司同事的尊重，这些影响了我在日后的工作中得以同样的认真努力，这些是令我职业一路发展的可贵品质；再例如，她虽然很忙，但是非常注重孩子的营养健康，这为我能有健康的体格打下了坚实的基础，让我受用一生。

但那时的我，体会不到这些深远的影响，只觉得我妈很严格，但由于她的工作是轮班制，常常我出门上学时她还没起床，或是我晚上入睡前她已出门去上班，这样一来，我和我妈相处的时间并不多。

因此，当我见到我妈突然出现在我打工的店里，满脸不知是汗水还是泪水，十分焦急的模样时，我愣住了。

"妈……"

"怎么不回家？！"

"……"

我妈以迅雷不及掩耳之势，一上来就抓住我的手往外拽："跟我回去！"

我一边挣扎一边喊："妈！我要工作，自力更生！"

我妈停下来，回头看了看我，叹了口气说："想工作？自力更生？你想过将来吗？"

说这话时，我妈的手也没闲着，继续死死地拽着我，仿佛怕一松手，我又跑没影儿了。

手臂上传来我妈手指的力道，我暗暗咋舌，我妈这力气——巾帼不让须眉！

将来？一个模糊的词，缥缈得就像天边的白云，抓也抓不住，摸也不摸不着。何谓将来？它在哪儿？

我的一脸迷茫，被作为高知识分子的我妈尽收眼底。

"你打算就在这小店窝一辈子？"

我当即摇头。虽然我从没想过将来怎么发展，但此时的我，不知是不是武侠小说读多了，脸上毫不掩饰地流露出一副"天将降大任于斯人"的豪情壮志。

不知是不是我脸上的这份豪情打动了我妈，历史性的一刻出现了，我妈说了一段话，这段话改变了我的一生。

"儿子，你知道你妈妈我为什么能够一来到香港就可以找到不错的工作吗？因为我年轻时读过大学，不但有文化，而且英文很好，这正是在酒店任职需要的条件啊！人要立足，就要有一技傍身，我的一技傍身，说的就是英文。靠这个，我的收入能够养活咱们一家四口。你想要自力更生，也应该学到一技傍身啊！什么都不会，将来怎么办？有一技傍身，就是技术工，不管怎样，也能找到生路。"

"一技傍身"？在我少年时代的字典里面，这个词还是第一次出现。它从我妈的嘴里说出来，又在电光火石间进入了我的脑中，深深回响。

已是黄昏时分，20世纪60年代的香港，没有如今这么多摩天高楼，低矮的楼宇上空，残阳如血。下班时间到了，街上熙熙攘攘、车水马龙。可周遭沸腾的人语，我一字未闻，脑中一片空白，心情却难以平复。

我以我初出茅庐的苍白的社会经验分析，我妈说的分毫不差。少年时代的我，被我妈的谆谆教诲打动了。

"现在用电器的人越来越多。我看，学电器修理是门靠谱的技能，不如，你去学这一行吧！"

我妈完胜。

一个月后，我住进了当时盛行的骑楼电器铺一个电器师傅家里，跟他学习怎样修理电灯。

跟着师傅学了几个月后，有一次回家，我妈吩咐说，家里电灯正好坏了，让我给修修。

待我搞定后，我妈不是急着验收我的成果，而是继续问："电风扇会修吗？"

我傻眼了。

后来的我应该明白，我妈当时就是有备而来的。作为一位事业型的母亲，她对儿女的成长发展非常放手，给予很大的空间。但这并不意味着置之不理，她对我每一阶段的发展，其实早已成竹在胸，精心部署，可谓用心良苦。但她不会强行加诸我身上，而是启发我自己发现眼前的问题，从而自动自觉地踏出下一步。我妈这种教育模式，用今天的理论来说，就是启发式教育，是跟如今这个时代盛行的填鸭式教育相悖的另一种教育模式。

那个年代的香港，电器正是新兴行业，生机蓬勃，能进入一所专业的学校学习系统的电器知识，毕业后是不愁找工作的。那天谈话的结果是，我接受了我妈的建议，离开了修电灯的师傅，进入当时非常有名的哥伦比亚无线电学校学习专业的电器知识。

第二章　转做销售

从电器工
到销售员
实现第一次转型

第一位贵人

一年以后,我以不错的成绩毕业了,被安排到一家电子收音机工厂工作。每天做的就是拆卸、修理、组装……如此反复。每天重复多次。

终日与收音机为伴,每一个零件,我闭上眼睛仿佛都能看到它在收音机中正确的位置。一部收音机,由哪些部分组成,它们通过如何运转而维持收音机准确、动听的音律;一旦哪一个细枝末节出了问题,将会导致出现哪些问题……这些知识、理论,我早已烂熟于心,倒背如流。

然而,这就是我的青春时代?我仿佛看到一条清晰的路,不宽也不窄,正好从工厂大门延伸下去,笔直、平坦,一直伸向我人生的终点……

我渐渐心生厌倦。开始琢磨出路。

一位印度籍的电器行老板因业务关系常过来工厂,一来二去,我和他也算混了个脸熟。他偶尔拿一些收音机过来修,我一般都提前完成任务。他很满意地拍拍我的肩膀,用印度腔的粤语说:"靓仔,有前途啊!"

我笑了笑,表示了一番谦虚。

"在哪儿学的技术?"

"哥伦比亚无线电学校。"

"不错啊!其他电器会修吗?"他拿眼睛打量我。

"会啊!"我迎着他的目光,自信地说。我的自信是有原因的,在哥伦比亚无线电学校学习的那一年,我是下了苦功的。虽然在收音机厂猫了几个月,每天修的就是那些音匣子,但在学校学的可是"万金油",什么电器都要会一点。

印度老板咧嘴一笑,露出一口大白牙,跟他黝黑的皮肤形成鲜明的对比。

"靓仔，年纪轻轻，人才啊！"

他留了个地址，让我放工去找他。

放工后，我按图索骥找到他的店铺。

他见到我，又是咧嘴一笑，大白牙在阳光下白得甚是灿烂。

"来啦！欢迎欢迎！"

他一边给我介绍，我一边观察。这是一家位于尖沙咀麽地道的电器行，门面不大，有两个伙计在看铺。店子里什么电器都有，五花八门。从电视到电话到电风扇，生活类办公类一应俱全。去的那天生意一般，偶尔有几个人来问价看货。

好了，参观完毕，印度老板拉我进里间，示意我坐下。

"有没有兴趣来我的电器行干？"

虽然他一上来就直奔主题，但我来之前，自然对他的用意猜到一二，也不突然。我只是不解，"你看上我什么呢？我到你这里能做什么呢？"

他解释，原因有两点：第一，他的两个伙计中的一个准备离职走人，他需要再招一名伙计。第二，因为他现在的伙计不是专业出身，只会卖电器，不会修电器，常常客人过来询问一些电器的专业知识，例如，比较一下不同品种的产品的特点，解释一下这个电器怎么用,甚至,买的时候帮忙调一下,比如电话和音响的调音、电视调整画面等等,在这些方面,他的伙计明显不足。因此,他想请一位像我一样出身专业电器学校的伙计,帮忙看店的同时,还能提供专业服务。

"你斯斯文文,说话不快不慢,一看就是个诚实可靠的人。我看人不会错的。你要是有兴趣,随时过来我这里上班,一个月250元港币。怎么样,你要不要考虑一下?"

这大约是我人生中的第一次面试。我却毫无经验,什么功课也没做,根本不知道应该说什么。我只是觉得,也许,我的机会来了。

我答应他回去考虑。其实,我并没有考虑多久。去印度老板的店里,我可以转型做销售,而不再是单调乏味的技术工。我不知道转做销售意味着什么,算不算是摒弃了我妈教导的"一技傍身",但我隐约地看到,那条从工厂门口通往我人生终点的方正马路,即将要改变方向了。

人生的惊喜,大约往往就藏在这些转变的瞬间吧。

一个月后,我坐在了尖沙咀的电器行,开始了我人生的第一份销售工作。

对于我的这次大胆跳槽,我妈并没有表示出我想象中的反对。她说,只要是我想好了要做,只要不是违法的事情,她都支持。

得到了我妈的支持，我摩拳擦掌，跃跃欲试，开始在印度老板的店里埋头苦干。

没想到，这一干，就干了两年。

第一个梦想

尖沙咀麽地道这个位置,离海边很近,只需走上十来分钟,便可去海边兜风、玩乐。可我却无暇偷得浮生半日闲。电器行的工作,虽然是猫在小店里,其实蛮辛苦的,每周要做六天半,只有周日的半天可以休息。

虽则如此,因为很有挑战性,做的是我之前没接触过的工作,因此我非常珍惜这个难能可贵的机会,工作勤奋而努力。

天道酬勤。我的付出不久便有了一点成绩,可能是我为人诚恳踏实,除了卖电器还会修电器,懂得很多电器知识,客人来问我都乐于解答,且非常有耐心。慢慢地,喜欢我的客人越来越多,口碑也逐渐建立起来了。随着我的备受欢迎,店铺的生意也蒸蒸日上。印度老板喜笑颜开,对我更是赞不绝口。

老板果然阅人无数,对自己当初向我抛出橄榄枝,深表满意。

这样勤勤恳恳地干了几个月后，我开始接触到那些电器公司的销售员，他们负责将电器卖给电器行，赚取佣金。他们一周才干六天，收入还比我高。我一周才休息半天，领的却是微薄的 250 元港币。

我权衡自己的价值和所获回报，认为完全不对等。我的心里开始不平静起来：不能继续做这种廉价劳动力了。我跟老板说不想干了，搬回家去住。

在家待了两天后，我接到了老板的电话："Jameson（我的英文名），为什么不想干了？有什么想法可以跟我说啊！"

我实话实说："如此低的工资，如此重的工作量，一周只有半天休息！"我说我做不下去。

老板二话没说："工资加到 300 元港币，多半天休息。快回来上班吧！"

就这样，我人生中第一次为自己的利益跟老板谈判的结果：我小胜。

我在电器行越做越顺，从 250 元港币到 300 元港币，一年后，我的工资是 400 元港币……直到我离开印度老板的电器行时，我的工资已经加到 600 元港币了（当时的香港，一般工资只有 300 ~ 400 元港币）。

离开电器行时，我已经怀揣着实现人生第一个梦想的喜悦。

事情是这样的：

在电器行的日子里，常常来店铺的电器公司销售员中，打字机公司 Olivetti（中文译作：好利获得）的销售员格外引人注目。

Olivetti 公司，当年是香港非常有名的一家打字机公司，这个品牌的响亮度在当时不亚于现在的 IBM。他们的销售人员来向我们电器行推销打字机，说现在办公很流行用打字机，如果我们向他们进货卖打字机，一定生意很不错，可以赚钱。

这些销售人员，穿着十分得体讲究，西装革履，皮鞋锃亮。用香港人的话来形容就是"官仔骨骨"，一副阔少的模样。20世纪60年代的香港，"先敬罗裳后敬人"，是普世的价值标准。一副好的行头，行走江湖更容易获得尊重。

是的，这很现实，但这就是香港。

我们中的大多数人，出生于平民家庭，不存在"拼爹"拼背景，我们的人生信条是靠自己的双手，勤奋，肯干，追求更好的生活、更高的社会地位，于是获得更多人的尊重（无论这尊重是来自内心，还是流于表面），这就是当时香港社会的价值观。

虽然，以当年的我，并不能也不具备成熟的心智，能上升到价值观这个层面，但看到那些西装革履的销售员意气风发，我立即眼前一亮，再看看此时的我，相比起来，这么近，却那么远。我第二次被触动了：原来穿西装、打领带这么酷！这么帅气！如果我将来能够穿西装、打领带、穿皮鞋就好了！

我私底下向他们打听收入，当时我的工资已涨到月薪400元港币，但得知他们的收入是我的十倍，我深深地被震撼了。我进而问他们，要进入他们公司工作需要什么条件。

"至少要有中五毕业文凭（中学五年级，相当于高二程度），英文要合格，要好。"他们告诉我。

从我有记忆以来，我似乎还没有对任何事物有过热切的期待与渴望，我总不知道自己想追求什么、想要什么、目标是什么。甚至，成长至今，我从未曾认真思考过，我的梦想是什么。

而今，我终于体会到，所谓梦想：它是一束照进现实的光，陪伴你一路朝圣般匍匐潜行，让你在旅途中不至于黑暗无助；它是茫茫大海中的一盏航标灯，无论你何时出发去远方，风浪再大，天气再变幻莫测，它一直在那里提示你正确的方向，引导你向终点昂扬靠近；它是你人生中的一个恒久不变的信念，比钻石更忠诚，比阳光更温暖，给你力量，给你动力，让你虽身处森然现实的重重困境中，依然能够坚持下去，像风雨之后期待彩虹，像深夜守候黎明的灿烂，像诗人雪莱说的，"冬天已经来临，春天还会远吗？"

没有中学学历，就不能找到更好的工作，就不能进入Olivetti这家公司，像他们现在的销售员一样穿着体面帅气、拿相当于我现在十倍的薪水。进入Olivetti公司，成为我人生的第一个梦想。

重返校园

小学辍学后,我一度以为今后跟学校再没有任何交集。没想到兜兜转转,命运再次将"读书"这件事情摆在我成长的道路上。

既然绕不过去,那我就走过去。我没有时间去犹豫,机会并不总是等人。

在印度老板的店里工作的这段时间,店铺大多数是做游客生意,因此我们做生意要讲英文。由于经常要接待来自不同国家的顾客,日积月累,也练就了不错的英文听说能力。

在电器行工作的这两年时间,我明白了做人要不断努力进取,当机会降临在你身上时,一定要当机立断,勇敢抓住;我更明白了机会只会垂青有准备的人,平时的积累,在当时虽然未必立竿见影,但将来一定有用得到的时候。学英文也是一样,在当时的香港，不会英文的人简直就像半个哑巴一样，只能找一些待遇较低的工作，且难有向上升迁发展的机会，甚至连像我现在做的电器铺的伙计这样的工作都难以胜任，行走社会可以说是寸步难行。

要进入 Olivetti 公司，就要有中五学历；今后要在社会更好地发展，就要拥有良好的英文能力。以前父母苦心孤诣想让我读书，我却兴趣寥寥。进入社会后，我才懂得上学的重要性，还好，我还这么年轻，一切都还来得及。

综合考虑，我报读了当时著名的德信夜英专，白天继续打工，晚上去夜校学习英文。

就这样，15 岁那年我重返校园。

我的时间表被骤然拉紧，白天上班，晚上上课，排得满满的。我开始后悔，过去在学校读书时，没有认真念书，并且轻易放弃了求学，导致现在要付出更多，从头学起。因此，我更加珍惜现在的学习机会，哪怕白天再累再忙，夜晚的课我从不拉下，风雨无阻，而且在德信夜英专，我只学一门英文，因此学得很快，从中一升到中五。

报读德信之后，我便搬回家里住。这段时期，我妈沿袭了她的优良传统，充分发挥了一位"严母"的角色。我每晚 9 点半放学，工作学习很辛苦，有时周五晚上或者周末，我便去和朋友喝酒，缓解压力。但只要我晚上超过 11 点回家，等待我的绝对是闭门羹。无奈,我唯有去朋友家借宿一晚。

不过,我妈的这种严格的训练,倒是培养了我后来看重纪律性、注重守时,这些对我日后成为 CEO 管理公司很有帮助。

第一封自荐信

当中五的读书证明被我拿在手上,我立即写了人生中的第一封自荐信到我梦想的地方——Olivetti 公司求职。对方要我提供中五毕业证明。虽然我只是读了英文这一门功课,但我确实也算是中五毕业了。我的这张中五证明,让他们误以为我是普通中学的中五毕业。

第一关就这样惊险过关。最终,200 位应聘者中,他们只录取 4 位,其中一位便是我。

18 岁,我人生的第一个梦想,就这样在我的努力之下,顺利实现了。我搬出家一个人住,展开一段新的人生奋斗之旅。

我没有放弃读书,因为我已经深深了解到读书深造对于一个人的发展至关重要。考虑到在德信只是学习英文,我求知若渴,遂转到大同中学,开始真正进修中学课程。

中学课程要学习的比德信多了很多，我插班从中二读起，除了英文，还有历史、地理、数学和公共事务等。我依然白天工作，晚上上课。晚上上课的时间常常是三个半小时，我甚至来不及吃晚饭，匆匆买点面包、点心，安抚一下辘辘饥肠，待到放学后再去吃晚饭。

由于我以前没读过中学，一下子多了这么多门功课，应付不过来。没办法，我只好每天早上7点去补习社补习，到9点去上班，希望能尽快赶上进度，晚上再去上中学课程。

学得最辛苦的要算是数学，因为我从未接触过这门课。到了中四，学生可以自己选科，我便决定退修数学，改学文科。

如此繁重的学习任务，我咬牙坚持，几个月下来，我瘦到120磅。

但当人有了目标之后，所有的付出与努力变得明确而清晰，奋斗也就变得更加有意义、有价值。

事实上，当时一般中文中学毕业的学生，英文听说能力较差，而我由于前几年的工作与学习的经历，英文能力要比其他同事强，这在极大程度上令我销售打字机的工作做得一帆风顺。再加上我的性格随和，就像在印度老板的电器行一样，容易获得顾客的信任和好感，我想这些都是我适合做销售人员的优势条件。

我的努力得到了相应的回报，300元港币的底薪，加上销售提成，我的月薪达到 2000 元港币，是之前在电器行的 3 倍多（当时的香港，大学毕业生的工资也仅是 500～800 元港币）。

在 Olivetti 公司干了两年，我报考了中学会考，在离会考还有三个月之时辞职，回家专心备考。功夫不负有心人，虽然我起步晚，但我的天分加上自身的刻苦努力，会考 7 门功课有 4 门合格。虽然大专的准入条件是 5 门合格，我还差一门，但我父母已经觉得很欣慰，因我是半工半读的，这一路走来，我付出了多少个苦读的夜晚，多少汗水，他们都看在眼里，疼在心里。

拿到中学会考成绩的那一天，我跑到维多利亚港，看着一艘艘气宇轩昂的大轮船鸣笛经过，心情如海水般奔腾不宁：我想笑，我毕业了，我做到了；我想哭，几年下来的勤奋辛苦，总算没有付诸东流。

我更想说，世界，我相信：我相信付出终将有回报，有信念，有梦想，生活就会精彩纷呈；我相信每一份付出，每一滴汗水，都会化为脚下的一沙一石，让每一步跋涉变得更加沉稳，更加自信；我更相信，将来，只要我继续脚踏实地这样走下去，一定将拥有一个无与伦比的非凡人生！

我信！

第三章　初涉蓝海

华丽转身

跃入金融蔚蓝大海

闯入金融圈

我实现了第二次成功转型。从电器行业，我奋力一跃，一不小心，就这样迷迷糊糊跃入了金融界。

这时的我已经从 Olivetti 公司辞职，刚完成中学会考，正在等待放榜的日子里思考人生：是继续做销售员吗？还是继续在电器行业打拼？我一边追问自己这些问题，一边努力寻找人生的下一个梦想、下一个契机。

直到报纸、杂志上偶尔出现的关于银行家的故事引起了我的关注。"银行家"这个词，就像镀上金色的卡片，渐渐进入我的视线。

20世纪70年代的香港，正在向国际性的金融都市发展。成为金融翘楚，是不少有志气的年轻人的奋斗目标。但之前对于我，"金融行业"仅仅是个陌生名词，身边的人与它也有着不小的距离；它有多大诱惑，我不知道，也没想过。我通过报纸和杂志的报道才了解到，在金融行业里，银行业是其中一大分支，也是一大支柱。银行家不但收入丰厚，而且受人尊敬，社会地位也高。我得承认，我被打动了。

有时候，我会相信道家的理念，凡事顺势而为。我人生的机遇和转折，常常在我还未意识到之时降临，振聋发聩般推动我向前一路狂奔，一路改写我的人生。就在等待中学会考放榜的日子里，我终于找到了人生的第二个梦想：

成为银行家！

凡事除了顺势而为，还需伺机而动。机会并不总是等人，一旦它大驾光临，便应第一时间抓住，握在手心，珍而重之。想到便去行动，我果断给香港当时的几大银行都写了求职信，说我是中学毕业，很有兴趣在市场方面发展。

会考成绩放榜之后的某一天，我收到一家叫做 Overseas Trust Bank（中文译作：海外信托银行）的回复。原来，当时的香港，还没有一家银行开办推广信用卡的业务,这家银行想要做第一个吃螃蟹的,准备成立一个部门,专门推广 VISA 信用卡。为此,他们要招聘一批人做销售人员。

做,还是不做?

我二话不说,一头跳进银行这片新的"大海"。虽然我没有接触过,但凭借我不错的"游泳"天赋和技能,我相信自己一定能在这片崭新的蔚蓝"大海"中畅游一番。

我成为香港第一批信用卡推广者中的一员,算起来,我也是香港银行业的一个新的里程碑的见证者与参与者。

进入新的领域,接触新的业务,我感到从未有过的一片自由天地,仿佛春回大地,万物都在复苏,而树上的叶子正在吱吱呀呀地抽出嫩绿的新芽,生机盎然。"面朝大海,春暖花开。"我开始大展拳脚。

与此同时,我仍没有放弃继续求学的想法。因我的会考成绩不能进入香港本地的大专,但可以入珠海学院读夜校,我便又开始半工半读的生涯,一直坚持到后来转行做保险经纪后,因实在无法兼顾工作与学习而结束。

在银行推广信用卡的这段时间,我接触到更多金融业的知识。如果说,我选择进入银行业是出于对银行家这份职业的好奇,现在我开始明白,银行业再伟大,也只是整个金融行业的一个分支。而我,一名银行信用卡的推广人员,仅仅是金融业的沧海一粟，渺茫得就像一粒微尘。

我想在更为广阔的海里遨游，我更想去亲身体验一下，那奇妙的海底世界到底蕴藏了什么宝藏。

我想知道：除了银行业，其他金融行业是怎么做的？

几年下来做销售员的工作经验，使我顺利踏上推广信用卡的征途，而我的善于思考与观察，又令我的创意源源不断，接连有新的点子与好的思路诞生，这些经验与优势，帮助我顺利开拓了新业务，也为两年后我顺利转到金融业的另一支柱产业——保险业，成功铺路。

我需要选择。

有两家保险公司——友邦保险与先卫保险分别招聘保险经纪人。

何去，何从？

友邦，成名已久，市场成熟，阵容强大；先卫，一家新的公司，知道的人不多，当时的主管姓高。

俗话说，宁做鸡首，不为牛尾。相比起进入友邦，要去跟人争抢一个成熟稳定的市场，以期分得一杯半盏残羹冷炙，我选择去先卫，开疆辟土，就像把皮鞋卖给非洲的人一样，做一名先人一步、眼光卓著的奋斗者。

就像红海与蓝海。

红海与蓝海战略的概念,最初是由欧洲工商管理学院的两位教授在《蓝海战略》这本书中提出的。在后来的日子里,我有幸读到这本书,对我的触动非常大。

书中介绍,市场由两种海洋组成:红色海洋与蓝色海洋,简称"红海"与"蓝海"。

红是惊心怵目的颜色,象征着市场上的竞争者互相厮杀,导致血流成河。红海代表的是一片已经人满为患的市场,在这里,市场规则早已确定,你只需按照这个游戏规则展开竞争。于是,大家为了争夺已知的既定市场中的更大收益,不惜打价格战,为此要牺牲产品质量,如此被卷入恶性循环之中。

而蓝海是一片尚未有人踏足的蔚蓝大海,海面平静,海水清澈,一片澄明天地。蓝海战略象征企业跳出传统的市场和既定的游戏规则,去开辟充满潜力的新市场和新竞争力。与其在红海中跟人斗个两败俱伤,还不如转而去寻找那一片未知的也许在其他人看来还不存在的潜在市场。

当然,这些都是后来我在金融圈摸索多年后逐渐体会到的。此时的我,并未清晰地意识到,我这次的选择,就是我寻找我的那一片蓝海的开端。

十六年，伯牙与子期

在先卫保险，我从保险代理做起，用五年时光，逐步做到部门经理与培训主管。这时的我，不再是当初羡慕报纸上银行家的中学毕业生，我凭借这五年在先卫保险累积的丰富客户源、保险知识、销售和管理经验，辞职后，创办了一家保险经纪公司。

当年的香港保险业正在面临行业的洗牌和重组，先卫保险被国卫保险收购。我独立经营自己的保险经纪公司已达三年。市场上一家叫做 Crown Life Insurance Company（中文译作：皇冠人寿保险公司，以下简称"Crown Life"）在香港的分公司考虑增加人员，拓展业务，其老板许先生，诚意邀我加盟。

"Jameson，把你那间保险经纪公司卖掉吧，和我一起去开创一片更广阔的事业，强强联合，必定比你自己单打独斗要好很多。"

他温和的脸上，我读到的，除了暖暖的笑意，还有满心的期待和肯定。

他的建议不无道理。于是，我把公司卖给当时的手下，随即以一位打工者的身份，进入 Crown Life。

当时香港的保险业市场上有一些小的中介行，他们形式灵活，客户面广。创立新公司后，我的身份是客户经理，专门负责到市场上找这些中介来代理我们的保险产品。

这就是后来我创立广达公司后，采用的业务模式的核心"B2B"的前身。

我没有想到，替许先生打工的岁月，竟占去我人生整整的十六年光阴！

后来很多人问我，为什么愿意为一家公司工作那么长时间。

的确，十六年，一年365天，十六年就是5840天，而人生有多少个十六年，可以这样去全力以赴，这样专一而不"移情别恋"。

对于我而言，细想这十六年光阴，绝不是从天亮到天黑，撕掉一页又一页日历地虚掷时光；它绝对是在我的职业生涯中、在我的事业版图中，不输于广达岁月的浓墨重彩的一笔。以至于我讲述起来，竟是千言万语，感触良多，一时不知从何处开始。

而最终，当我需要从纷繁的思绪中，从厚重的记忆中渐渐梳理出一条线索，以说明这十六年的长情与"痴情"时，其实答案很简单：高山流水，知音难觅。无论伯牙与子期，是谁遇见了谁，谁成就了谁，对于彼此而言，他们一起奏乐和歌的那段辰光，都是彼此一生中最幸福的时光。许先生之于我，正是高山流水遇知音。

总的来说，许先生身上有四大王牌，正是这四大王牌，不但令我忠心耿耿，为 Crown Life 东奔西走，起早贪黑，更深深影响了我做人的原则和管理的风格，在日后我创立广达，开创自己的事业王国的日子里，我在他身上继承的东西，就像烙印一样，刻进了我的骨子里，成为我鲜明的个人特质，永不磨灭。

他的四大王牌，就是他的四大优点：

第一，温和有礼，谦谦君子。许先生为人非常温和，从不骂人，哪怕手下做错了也不会责备。这也成为我日后的风格。

第二，吃亏就是福气。他为人慷慨，常常教我：人不怕吃亏，吃点亏就当是福气。这也成为我日后的座右铭。

第三，给员工犯错的机会。员工有时候判断错误是难免的，但如果属下未能察觉下一步会走错而要坚持走下去，作为老板，只要这个潜在的错误不损害公司的利益，许先生不会禁止员工踏出下一步以致挫其锐气和斗志，而是给他机会走下去，自己去尝试是对是错。这样员工能从中吸取教训，下一次就不会重蹈覆辙。这对员工的成长，对公司的成长，也是一个学习的机会。

后来，我把这种理念也带到了广达。有一次，一个员工代表公司去谈一个项目的条件，其实当时我知道这些条件对公司而言没有得益，但既然我委派了他去谈，便应该让他感觉到被信任，因此我没有阻止他，只是给他设了三条底线。后来，这个项目进行了一个月后，这位员工自己察觉到问题，主动对这个项目喊停，而公司也没有遭受很大损失，他也没有再犯类似的错误。

第四，给员工极大的自由度。当时有句话叫做："有了梁大年，万事不用烦。"十六年间，不断有客户和合作伙伴对许先生开玩笑说："你不用工作就可以坐着收钱，是因为你最厉害之处在于找到梁大年，他帮你把一切都搞定了！"

的确，在那段时间，我身兼多职，很多时候，不必许先生出马，我已将一切搞定。因此，外人认为，许先生可以请到我帮他打工，是他的运气。

然而，从另一层面来看"有了梁大年，万事不用烦"，这是因为许先生对我非常信任，很放权，给予我极大的发展空间，让我从容施展，在不断尝试中学到多种经验：除了销售，还有开发市场、如何制定佣金制度，甚至还有如何从容地驾驭一家公司，成为一名成功、自信的老板。更不能不提的是，这十六年还帮助我累积了大量对我而言至关重要的海外市场的人脉资源，这些都是我日后开拓广达所不可或缺的条件，甚至是赖以安身立命的资产、寻找发展方向时的指南针。

我非常感谢许老板。试想，如果当时他没有给我这么大的空间，而是事事亲力亲为，我便没有机会去体会当年的磨炼，那么日后当我开创自己的事业时，接受不同的挑战时，我也难有从容不迫的应对各种危机的信心和经验。

明天,请许我一个未来

已经担任总经理的我,完全胜任一位独当一面的保险公司"执行者"的角色,努力将最初只有4人的小公司,发展到拥有超过60名员工的业内响当当的企业,公司业绩做到在香港前三位,办公室由最初的4人小办公间,搬到香港寸金寸土的商业区中心地段写字楼的全层,办公室面积超过1000平方米。

我在许先生身边做得志得意满,信心十足。那种感觉,就像是处于蜜月期,如胶似漆,相濡以沫。我甚至觉得简直有种可以跟 Crown Life "执子之手,与子偕老"的感觉,从未想过有一天我会离它而去,开始我的另一段人生。

如果不是因为我跟许先生的那一次分歧。

在保险行业沉浮了十几年,培养了我敏锐的商业嗅觉和发展眼光。这些年,我从客户或者身边的其他人身上见到很多的风浪、风险，深刻感受到人生在世，一定要保有预备承受风险的心理。在给自己打"风险预防针"的同时，也要努力去做一些准备来规避风险。具体来说，就是应该去实施如今广达推行的资产管理，也就是俗称的"理财"。现在我们知道，想要理财，可以通过很多不同的工具去实现，而保险，仅仅只是理财的工具之一，绝不是全部。

我从跟中介接触的经历中，逐渐了解到他们对理财产品有更多的需求。我想对客户们说，你不仅需要买保险，还需要更多的理财工具与渠道。然而，Crown Life 只是一个保险公司，业务品种仅限于保险项目，十分单一，我以及其他同事们都没有办法向需求日渐庞大和广泛的客户群体，提供更多更好的项目来帮助他们实现资产管理。从这种市场需求与公司的供应之间的落差当中，我嗅到了巨大的商机。

我适时向许老板提出，公司要想有更大更有前景的发展，不用转型，但需要拓展业务范围，开发保险以外的项目和产品。

"Jameson，你的建议非常好，我知道你说的不错。不过，公司要开发新市场，需要投入大量的资金，而我已年近退休，恐怕难以承担投资的风险。"

被许老板拒绝的我，陷入了沉思。其实我完全能够理解他的考虑：一个年近黄昏的人，已然拥有丰厚的身家，未来的日子里，他不过想安度晚年，享受人生，不愿再经历风浪颠簸。他没有错。

当然，我45岁了，也不再算是年轻，我的青春期早已经过去，停在了尘封的往事中。而我的人生跨过迷茫而热烈的青春期，像尘世中的大多数人那样完成了成家立业、生儿育女的人生规划，过着柴米油盐的平凡生活。

然而，看看镜子里的已为人夫为人父的我，眼角细腻的鱼尾纹，不仔细看，依然难以察觉。这张镜子里的脸给了我启示："退休"这个词，离我还是那么遥远，远到我完全想不到它。

更重要的是，我看到我眼中隐约闪现的光彩，那是希望之光、信念之光，对未来的憧憬之光，对人生再一次面临转折的渴望之光。

我需要这束光。它让我坚强而笃定，自信而稳健，热情而踏实。最关键的，它给了我离开的勇气。

许老板不肯做的，让我尝试自己去做吧！夕阳下的写字楼，被镀上一层金色的光芒，但我知道只要太阳下山，夜晚终究来临，这光芒也将转瞬即逝。我贪恋这短暂的光线之美，伸出手，想要握住这微凉而易逝的光线。

机会就像太阳的光线一样，稍纵即逝，从不等人。而我，也不要再蹉跎光阴。夕阳无限好，只是近黄昏。太阳每天照常升起，我需要的，是明晨的日出，许我一个充满希望的未来。

我站在日落的余晖中，终于下定了决心。"挥一挥手，不带走一片云彩。"我看了写字楼一眼,转身离去,脚步沉稳而又轻盈。

第四章 创立广达

天时 地利 人和

万事俱备

借东风,开广达!

重燃激情

1999年,香港回归两周年。几年前爆发的亚洲金融风暴曾波及香港,令经济一度陷入萧条,而今,金融危机的阴影已然远去,香港经济开始逐步复苏,金融行业重新变得活跃,香港进入一个划时代的新起点,越来越多的市民开始进入小康生活,有了更多对未来的期待,更多对自身的关注;而对于我,这一年,更是我职业生涯的一个里程碑,一个新纪元的开始:我当老板了。

我已不再是青涩少年、毛头小伙，做出离职的决定，看起来仿佛只需要花掉我人生的一分钟，但在做出这个决定之前，我为此投入的思考与衡量，却用去无数个一分钟。我反复追问自己：是否有勇气，再创一片天地？

山川河流给了我勇气，每天升起的太阳给了我勇气，我的家庭与朋友给了我勇气。

许老板很伤感。毕竟，十六年的时光，并非倏忽不见，白驹过隙，弹指一挥间一切历历在目，记忆犹新。分离的时刻，我们都免不了伤感，但他知道，我还有我的梦想、我的追求。更何况，相聚、分离，从来就是人生这部交响乐之中最平淡无奇的转换旋律。而生命就是由若干次的开始与结束组合起来的链条，弯弯曲曲，一直绵延。

最后，他对我说，"Jameson，good luck！"

离开许老板后，我给了自己半年的休息时间，一则慰劳自己辛苦工作了这么多年，给自己一个悠长假期；二则离开 Crown Life 之际，我曾希望，明天能许我一个未来。但我究竟想要怎样的未来？这个未来顺利降临之时，我要如何好好把握？

我知道，下一步，我需要寻找的，不是一份工作。我已过不惑之年，离开 Crown Life 时，我已升至香港区总经理，靠着这几十年打工的积蓄，要安稳度日对我而言不再是一个问题。如果是为了再找份好工作，得到一个好的职位，赚取更多的钱……如果仅仅是为了如此而已,这并不是我离职的初衷。

我想要的,是像哥伦布一样去发现一片新大陆,改变人们的既定观念,让人知道地球原来是圆的;我想要的,是再一次启程,向未知的世界探险,感受到从未有过的新奇感与自由度。

我想要的,是去寻找我的那一片蓝海。

其士集团(创立于20世纪70年代,1984年成为上市公司,现为其士国际集团有限公司)在1998年获发保险经营牌照,当时正在招兵买马想要拓展保险与证券市场。得知我离职的消息,他们的人力资源部很快找到我,表明他们计划成立一个人寿保险公司,希望我过去做开拓。我休息得也差不多了,是时候重出江湖,我要的是新的江湖,而其士集团的业务范围与 Crown Life 不同,也算是新的江湖,不妨一试。我接受他们的邀请,出任公司申请人寿保险公司执照的顾问。

谁知三个月后,其士集团决定停止成立申请人寿保险公司,我被调去管理资产管理部属下的销售团队。我不想就这样放弃,做了一份计划书呈给公司的董事局,希望公司能够拨放资源给我们这个部门使用,我们愿意自负盈亏。但我被拒绝了。

世事便是如此奇妙。现在想来,当时如果不是其士的董事局拒绝了我那份计划书,拒绝了我提出的自负盈亏的建议,我也不会有之后的故事,那就是:有两位本打算加入人寿保险部门的业内朋友并不甘心,他们跟我说,Jameson,求人不如求己,为何不试试创业？他们表示愿意帮我一起开疆辟土，建立公司。

回望我从 12 岁那年离家出走进入社会拼搏至今，这一路走来的历程，算起来，我的打工岁月已经超过三十年。我从最基层的工作岗位做起，一直做到 Crown Life 这样一家加拿大跨国公司的总经理，可以说，在每一个阶段，每一个层次的职位，我几乎都体会过了。我深深了解，受雇于人的酸甜苦辣、五味杂陈于胸的感受。而现在，朋友鼓励我自立门户，只要我出钱，他们愿意帮我打天下。他们说，与其继续做个大臣，不如直接划地为界，占山为王，做个可以自主的老板！

我，可以吗？

虽然我不是及时雨宋江，我的故事说的也不是《水浒传》，更没有 108 条好汉跟我火里来水里去，但是，自我闯入理财界开始，我已在这一行业沉淀了十多年。这漫长的日子里，我累积的，不光是可以给家人的一些财富，还有对行业的精准眼光与长远策略，对理财市场潜在的巨大商机所保有的信心：随着经济复苏，香港地区及亚洲其他地区的中产阶级及富裕人士逐年递增，金融市场业务蒸蒸日上，这良好的势头和环境，为独立的财务顾问咨询服务提供了庞大的商机。

还有，遍及东南亚多个国家和地区的老客户与老朋友，那是我这十几年所存留下来的、最珍贵的资产——人脉。

一般来说，创业需要的资源分两类：内部资源与外部资源。

内部资源主要包括自身的业务能力、市场眼光、经济能力以及家人支持；外部资源则包括合作伙伴、市场前景、好的想法以及最重要的——人脉。

以上这些，细想来，我竟然都有了。天时、地利、人和，三者齐备，此时不干，更待何时？

最重要的是，过去我也曾试过创业，虽然运作时间不长，但也为我的再一次创业积累了宝贵的经验和历练。

试过，未必成功；但连尝试的勇气都没有，就一定只能收获失败！拥有这些，我还愁什么？

我骨子里的冒险精神仿佛冬眠的动物感受到了春回大地的温暖，慢慢醒来。我不得不承认，从12岁那年踏入社会的第一步开始，我就已经踏上了探险的崎岖征程。我不走寻常路，不走别人都走的阳关大道，而专去发掘那些未知的、但充满吸引力的神秘小径。虽然数十载的打工生涯，早已将我个性的棱角磨平，但内心对于冒险的渴望却并没有随青春而逝去，它只是暂时睡着了。而今，它睡醒了。

我的心里感到很长一段时间以来不曾再出现的激情澎湃，上一次，我记得，还是在我会考结束后，自荐去银行工作而被录用的时候。已经过去了很多年。

激情重回我的体内。仿佛一股新鲜血液被注入体内，从五脏到四肢都像重新活过来一样新鲜而灵敏,浑身上下充满了年轻的力量。

如果这一时刻,你问我,梦想是什么,我的答案是:我的梦想,是开创属于梁大年的事业王国!

广达就是大品牌

开公司的第一桶金,还是帮许先生打工赚来的钱。我投资 80 万元,注册了广达独立财务顾问咨询公司。

公司的名字,我们三个人颇费了一番心思。先定下来的是英文名字。既然我们要开公司,当然想以后公司能做大做强,做成家喻户晓甚至享誉世界的大品牌,所以公司的英文名就被定为 Grandtag。Grand 是宏大,tag 是品牌。朋友再从 Grandtag 音译了中文名,这就是广达。

广达创立时只有三人,不足两个月,我的一位英国业内朋友加盟,成为第四位股东。

有了合作伙伴,资金也到位了,要运作公司,还需要招兵买马,组建团队以及提供产品。

这个年代的香港金融业发展很快,市场需求和产业升级都以更快的需求增长起来。机会稍纵即逝,并不等人,这是我一直认定的真理。尤其在金融界,要分秒必争,晚一步,你就从参与变成了参观;而即使你有再好的项目理念,别人一旦跟上,你就从壮士变成了烈士。

竞争就是这么残酷的事儿。

广达必须要在两年内站稳脚跟。我决定朝这个方向努力。

为了更快地脱颖而出,我决定采用新的经营模式B2C,而不是过去在Crown Life运作了十几年、已然十分成熟的经营模式B2B——外面的经纪人找到我们,给我们生意。守株待兔的做法在这个时代绝不是最有效率的,尤其是当一个新公司要打响它的名号之时。

所谓B2C,即我们雇佣一个团队做我们的理财顾问,给他们开工资,教他们如何选择产品、如何选择客户以及如何为客户做理财规划。

当时香港市场上做人寿保险的企业只有5~8间,竞争不大,市场前景广,而且招聘人才容易,做起来也还得心应手。

但我知道,广达要的不只是这些。随着市场前景被越来越多人看好,这一领域会变得日渐拥挤,竞争加剧。它不是我的蓝海,或者说,它即将变成红海。

我需要去寻找我的那一片蓝海。

理财工具不只保险一种，理财的概念十分丰富。欧美在这方面已经发展成熟，而香港还停留在买保险的年代。600万的香港人口，只有不到2%有做理财规划。我们希望将理财规划、财务管理的理念向香港市民普及，却发现甚为艰难。当时的大众不能理解，"为什么我要做这个理财规划呢？为什么我需要理财顾问给我意见呢？"

我们急需找到另一个工具打开市场，突破产品局限。

神奇的"101"

一个产品的出现，以四两拨千斤之力打开了局面，令我们很快占据了市场的一定份额。

这个产品便是基金相连保险（regular saving plan product，101 unit link product），俗称"101 基金"，是由保险公司提供的产品。

何谓"101"？

简单来说，客户身故后，保险公司会在客户原有的账户资金基础上，多赔偿1%。例如，客户的账户中有100万元港币，保险公司就会赔偿101万元港币，所以被称作"101"。

当时我们正在为如何让普罗大众建立对理财规划的信心，让他们懂得这方面的需求。政府把目光放在退休保障计划上，开始推行强积金，并为此做了大量的宣传工作。这些随处可见的宣传，令市民开始关注退休后的生活保障，也开始思考应该在年轻时做足准备，以保证退休后的生活质量。因此，强积金有着光明的市场潜力。

但我们作为业内人士，深深明白，光靠强积金保障退休是远远不够的，所以市民需要在年轻时做理财规划，也需要理财顾问给他们意见，帮他们做理财计划。强积金就像保险一样，也只是理财的工具之一。退休保障的市场前景无比庞大，政府也鼓励金融业发展更多退休保障计划，令市民受惠，有更多选择，而基金便是当时最能满足退休需求的。我们为何不去分一杯羹？

"101"在英国已拥有广泛的市场。我看准它的特质恰好切合当时香港市场的需求，能弥补强积金的不足，于是我决定将它引入香港市场。

果不其然，"101"在香港大受欢迎。

原因在于，其实"101"就是属于一种理财规划，它让客户养成定期投资的习惯。当时市场上已有很多不同的投资平台，不论市况高高低低，建议客户在平台上定期（即每个月）买基金（可定额或不定额），这个购买计划，定十五年也好二十年也罢，总之是让客户保持了一个长线投资的习惯和思维。他不需要每个月都绞尽脑汁买哪些产品，例如他打算投资大中华基金，便每个月都买大中华；他投资印度基金，那就每个月买这支。

但是，如果客户不懂得怎样选择基金，定多大的投资额，定投多少年，我们的理财顾问可以给他们建议。我们推广"101"，是希望传达给客户们一个理念：人生财富的投资是需要持续的。

"101"在香港市场的大获好评，让我初尝了成功的喜悦。

然而，喜悦是短暂的，忧虑是长久的。人，生于忧患，死于安乐。做生意更是如此，要先人一步，抢占先机。

就像跑马拉松一样，没有人会记住第二个抵达终点的人。我们始终只记得，第一个登上月球的人，是美国宇航员尼尔·奥尔登·阿姆斯特朗；第一个登上珠穆朗玛峰的人，是新西兰登山家埃德蒙·希拉里与尼泊尔夏尔巴人丹增·诺尔盖；那些后面的人，哪怕他们克服了更多困难，创造了更多奇迹，也没有人去关注。因为，他们不是创造者，而是跟随者。

要做，就要做创造者，做第一个起跑的人。任何时候，都要比其他竞争者先行一步，先出发一分钟。这道理，我时时提醒自己。

因此，当别人在为指日可待的成功而沾沾自喜、准备好好庆祝一番时，我却已嗅到不久的将来刀光剑影的杀机。时不我待，在别人都想挤进这个传统的市场之前，我们要做的是开发另一个无人踏足的充满潜力的新市场。

我要赶快，继续寻找我的那一片蓝海。

找到蓝海

香港人口受限，广达即使做得再成功，也仅有这么大的市场可以瓜分。我们要找到另一个市场。

在 Crown Life 工作的十几年里，因为业务关系，我累积了一大批东南亚的客户和业内朋友。在与他们继续保持联系的同时，他们反馈的信息让我备受鼓舞：邻近香港的东南亚国家和地区，是一片没有开发的广袤领土，它们的人口加起来，是香港的多少倍！而它们的市场可以发展的金融业务，远多于香港。

对呀！为什么我没有更早想到？我应该一早想到！

东南亚！这正是我要找的那一片蓝海！

蓝海，它于我而言，不再是缥缈难至，隐隐约约的海市蜃楼，而是真真实实存在于这地球之上的某处地方！它在那里，一直在那里静静地等待着我，以温柔的目光凝视着远方那个小小的我,等着我终有一天发现它,向它奔跑而来,小小的身影开始逐渐拉大、拉大……最后,我终于找到了它!

2000年,我决定带领广达走出香港,开发东南亚市场。

在开发海外市场方面,我决定将经营模式由B2C转向B2B。在海外找合作的代理商,这些代理商原本手头已有一批客户源,我找到他们,付给他们佣金,让他们帮广达向他们的客户推广我们的产品。在后来的日子里,广达一直沿用B2B的模式,并将这一经营模式发扬光大,直到成为香港B2B的龙头企业。

为什么要开发B2B模式?

扪心自问,我对自己在这一行的经验与眼光还是很有自信的:我刚进入这一行时担任的是经纪人,我很了解市面上客户的需求,一般会从保险行业的角度给客户一些建议;后期,我从销售员转做公司产品供应,代表公司去找市场上的经纪人,向他们推荐Crown Life的产品是多么物美价廉,希望他们能买我们的产品。因此可以说,我既了解如何做一个销售,也知晓如何做产品链。

其实市场规则很容易玩:代理人本身已有一定的客户源,而客户又有财务的需要,只要有第三方把一个简单的产品介绍给代理人,由代理人介绍给客户,生意就做成了。就这么简单。

在中国内地、台湾地区和菲律宾、印度尼西亚,我去拜访过去合作过的经纪人们,向他们推荐广达理财平台上的产品,为他们提供除了他们手头代理的公司产品之外的另一种选择。我对他们说:"我并不是想要广达取代这些公司,你们可以继续代理他们的产品,同时,我想让你们看到,除了现有的这些产品外,还有广达这样的公司,可以提供另外的产品。"

我的这种经营理念,也许是深受家庭教育的影响。可以概括为两大准则:

第一,凡事留有余地。

山水有相逢,不论是朋友也好,不是朋友也罢,或许终有一天会相见。给人留余地,也就是给自己留了余地。即使不相见,留了余地,他日也是海阔天空。在做生意方面,也是如此道理。

第二,双赢互利,好过独占鳌头。

虽然我认为做生意就要做蓝海生意,要做创造者,但我不认可那些希望将竞争对手逼到灭绝,独霸天下的行为。古人云:"独乐乐与众乐乐,孰乐?不若与人。"此话甚佳,分享比独享更快乐。做生意,谁不想赚钱?但我在赚钱的同时,希望对方也能赚钱,有钱大家一起赚,把蛋糕越做越大,而不是守着仅有的蛋糕争得面红耳赤,生怕谁拿了最大的那块。

自古,成大事者不会计较眼前得失、蝇头小利。俗话说,做大生意的算大钱,做小生意的算小钱。我要做的是大生意,广达要做的是永续经营、可以传承下去的企业。

当然，这是后话了。眼下，我还是一门心思想着开发东南亚市场。

一个好的故事，除了有一个引人入胜的开头，还需要一个猜不出来的结尾。我想，我的故事说到这儿，也开始进入扣人心弦的篇章。因为，在创立广达之前的那个开始，我从未曾想到过，我对蓝海的梦寐以求、孜孜不倦，竟然令广达成为第一个走出香港、走进东南亚市场的理财公司，并在后来的许多日子、许多风浪面前，都能昂起头，一笑而过，稳如磐石，屹立不倒。包括2003年SARS危机。

从1999年创立广达到2003年的这段时光，可以说是我们的奋斗期。广达就像一只初生的雏鸟，由于吸取了充足的营养而迅速成长，长势喜人，浑身透着新生命的喜悦气息，静待羽翼渐丰，便要展翅高飞。广达由4个人发展到8个人，连代理人在内，一共30人。

其实，作为一家共有30名员工的公司，我们的阵容真的不算强大。但广达这股初生的血液却像沸腾的水，澎湃不已，高歌猛进。上天是厚待我们的，勤奋努力，加上当时的市场优渥，我们的业绩做到了全香港的第五名。

随着香港市场的迅速成长，昔日的竞争对手们很快壮大起来，一时形成你追我赶、热火朝天的竞争局面，理财行业如我所料的变成了红海，狼烟滚滚。而我非常庆幸，这时的广达早已走出了香港，离开了红海，找到了当时的蓝海。

这是广达先人一步致胜的关键。

○ 广达理财集团 2013 年公司营销策略会议

我们不再靠香港市场来赚钱，但香港市场依然非常重要。广达的业务源自于香港，在香港市场的奋斗，"101"的推广，不但让我们站稳了脚跟，更重要的是，在这里，我们看到了更多有理财需求的市场。香港保险业的保费，与其他国家和地区相比，真的是物美价廉，受此吸引，很多国家和地区的人会专程来香港购买保险。我们在与这些人接触的同时，了解到他们以及该地区人群的市场需求，这也为我们更好地开拓东南亚市场提供了十分宝贵的先机。

几年后，我们是唯一一间同时拥有新加坡及香港两地金融执照的华人机构，这在行业中也是第一次，广达的"龙头企业"地位就此奠定。

总之，我相信万事皆有因果。广达得以迅速进入东南亚市场，扎下根基，也是因为我在 2000 年种下的因而结出的丰硕果实。

回想起来，若当年没有当机立断走出香港，现在的广达会是什么情景？市场格局又会发生怎样惊天动地的变化？一切都不得而知。唯一知道的，是广达的发展一定不会那么顺利，一定会遇到更多风浪和挑战，在后来种种危机的冲击下，一定会更加元气大伤，也许要用更加漫长的时间尝试重新爬起来往前走，也许成，也许不成……

但幸好这些只是假设，历史的车轮不会倒退，这些深远的影响不会发生，广达的成绩早已印刻在理财界的丰碑上，永不磨灭。

第五章　首临危机

遭遇一场史无前例的致命危机

让暴风雨来得更猛烈些吧!

SARS 来了!

2003 年,绝对是一个令全世界毕生难忘的年份。这一年会被郑重其事地写入新世纪以来的重大年份之中。

一片白色恐怖正在席卷全球,尤其是亚洲地区。人人自危,到处都是一片恐慌。

2002 年年底,一种新的传染病袭击了广东。由于市民争相抢购米醋和板蓝根，消息传到香港，说一瓶白醋竟然卖到 100 元人民币！香港人才知道有这样一种病。

到了 2003 年年初，香港出现第一例患者，从此以出乎意料地极快速度，不可控地一路蔓延。先后传染到社区、写字楼、学校、公共场所……最高峰时，日感染病例数是 60 例。九龙湾的淘大花园成为重疫区，感染 300 多人，死亡 40 多人，住户被强制撤离搬出去暂住。

2003 年 3 月 15 日，世界卫生组织将这种传染病命名为 SARS（中文名称为非典型性肺炎，简称"非典"）。

电视新闻里每天铺天盖地的相关报道，市民开始不敢出门，不敢上街，不敢跟陌生人说话，连打电话都怕被传染。严重影响了生活质量与精神状态。政府宣布全港中小学全面停课一个月，禁止探视患者，所有与患者有过接触的人士必须每天到指定的卫生署诊所报道。

到了 4 月，香港因 SARS 而死亡的人数已位列全球之首。国际上也开始对香港敬而远之。美国召回所有驻港的非必要外交人员及其家属，同时警告美国人民，不要到香港旅游；瑞士也禁止香港厂商参加即将举行的瑞士钟表展，担心病情会蔓延到瑞士；世界卫生组织更对香港发出旅游警告。

香港社会陷入前所未有的一片恐慌，媒体连篇累牍报道进展，报摊报纸的头版，几乎全是 SARS 的最新消息，震慑人的神经。香港政府要求市民上街必须戴口罩，并要求公务人员带头执行。一时间，市民纷纷戴上口罩，走在街上，冷冷清清，但只要有人，就全是口罩人士。昔日繁华热闹的香港已面目全非。

发现疫情的国家和地区增至 30 个，也包括中国台湾地区。

当时的我心情也很低落，香港国际机场每天有数十次航班因为 SARS 而被取消。但我要赶去台湾谈生意，几经辛苦才登上飞机。一上飞机，整个机舱的人也差不多全戴着口罩，包括我自己。我心里也是一片灰暗。

但我一直不认为自己会和 SARS 扯上关系，因为当时台湾刚发现第一例 SARS 病人，还未传染开来，比起香港要好很多。

直到我回到香港，有一天接到一个朋友的电话，问我有没有发烧。

"没事啊，怎么……"我不解地问他。

"你还不知道吧？你这次去台湾见的那个人，后来发烧了。"电话那头的朋友，听起来声音里满是忧虑。

我知道他是担心我被传染了。我谢谢他的关心，并反复强调我没事。

然而，挂上电话，我心情越发沉重了。这样一场世纪性的大瘟疫，究竟什么时候是个头呢？

我知道自己是幸运的,香港的SARS病人每天都在增加,而我却还健健康康、好端端地坐在这里,已经应该为此而感恩了。

是的,我没事,但广达怎么办?

解散直销部

SARS 席卷了香港，给香港社会带来的影响是深重的。商铺里面冷冷清清，酒楼食肆差不多要关门大吉，不少酒楼为了支撑生意，挂出"1元一只鸡"的广告吸引顾客，但依旧乏人问津。

这场瘟疫严重影响了香港的社会民生，令市场全面陷入萧条，一蹶不振。楼价一路"插水"，零售业、餐饮业、航空业、旅游业甚至酒店业等都受到重创。

在金融业，金融机构和理财公司，十间里有五间撑不下去，倒闭了。失业率增加。一场 SARS，令已从 1997 年金融危机中走出来的香港金融业又回到低谷。

SARS 存在了多久，广达在香港的生意就锐减了多久。事实上，有差不多半年时间，广达加起来 60 位销售员（包括代理人），在香港市场一单生意都没做成。

半年成绩 = 零。

这意味着什么?!

一个小规模的公司,创立不到五年,在本土市场半年没生意做,如果说不会大受打击,谁也不信。更何况周围大大小小的公司倒闭了一半,更让人心惶惶。但回想当年在 SARS 期间,我却从不认为广达会有倒闭的一天。我并非盲目乐观、阿 Q 精神。

这种信心,一方面源于我的经验与自信,我对这个行业的观察与思考;更重要的是我早在 SARS 发生之前,已逐渐部署了走出香港、走向东南亚的战略目标。虽然这半年在香港没赚到一分钱,但我们在东南亚市场上仍然有生意,中国台湾地区受 SARS 影响不大,而菲律宾还没有疫情出现,这些地方的形势要比香港好很多。

我现在是多么庆幸自己早已找到那一片蓝海,并勇敢地跨入蓝海中。

另一方面,我决定要让广达继续发展下去,就要开源节流。节流方面,我最终解散了直销部,精简人手,减少支出。因此,即使这段时间生意惨淡,我也只用付办公室租金和几个员工的工资,只需要做成几单生意就可以支撑下去。

开源方面:虽然此刻香港的生意惨淡,但 SARS 终将过去,它又将重回昔日的繁华。届时,它将成为更激烈的红海。我决定,在这个非常时期,要坚持我的蓝海策略,继续发展东南亚市场!

在这之前,我和其他几位股东分工明确:我负责开发东南亚市场,主打中国台湾地区、印度尼西亚和菲律宾,他们负责管理香港的销售团队。随着直销部的解散,他们没有了收入,于是提出了辞职,走出去打工了。

我没有阻拦他们,广达的状况也留不住他们。还是那句话:有缘而聚,缘尽而散。这本就是人生最平淡无奇的桥段。我能理解他们,每个人都需要在人生的某一个阶段做出选择,这选择的目的都是出自希望给自己、给家人带来更好的前景。

就像我,也有自己的选择。我的选择就是,将广达撑下去,度过困境,走过低谷,迎来朝霞。"虽无刎颈交,却有忘机友",我的身边还有一帮朋友,我的身后还有我的家庭,他们都义无反顾地支持我。为了昔日的梦想,为了这些支持我的人,为了那些将资产交给我并信任我的客户,广达不能倒,关门大吉是最容易的,难的是在困境中挣脱出来,走向光明。

从此,他们离开了广达。日后,在广达五周年庆时,我在酒店摆下20桌酒席与大家欢聚一堂,庆祝一个对彼此而言极为珍贵的日子。此情此景,昔日的合作股东终于相信,广达已经走过了最低谷的时期,扛过来了,开始迎来自己的好时光。权衡之后,他们跟我提出,把他们手上持有的原始股卖给我。我二话没说便买下了。

不过,那都是很多年以后的故事了。

深入台湾

我看好台湾市场是有原因的。对于一个市场的判断,我会最先从当地的富庶人士的身上出发,观察这一群体的最大需求是什么,最担心的是什么。因为富庶人士群体是我们最主要的潜在客源。我把自己假想为一名台湾商人,那么,我最忧虑的风险是什么呢?

经过对台湾市场的分析,我总结出台湾存在几大风险:

首先,台湾社会不稳定,"政权"更迭,当时的商人群体对这种动荡普遍存在忧虑,这样的忧虑影响不小,甚至导致有一批人从台湾撤资。很多人开始考虑出路,手上有钱的,就开始想转移资产,往海外投资,但苦于没有途径或平台。

其次,富有人士对个人隐私,主要是指财产的管理与投资方面的隐私,有着极大的需求。而台湾社会当时对隐私问题并不注重，这也造成了供与需之间的矛盾。

再次，那个年代的台湾，遗产税居高不下，达50%。何谓遗产税？举例来说，某人的资产包括地产、房屋、车、公司股票等有1亿台币，按照规定，假如这人不幸离世，他的1亿台币资产就会被即时冻结，直至他的继承人拿出5000万台币的现金支付遗产税，这1亿台币资产才会被解冻。也就是说，遗产继承人必须先支付遗产税，遗产才会转到他的名下，否则就将永远被冻结下去。

这种"辣招"让很多富庶人士一方面心有不甘，认为自己和家族的一生拼搏，最后要有一半付诸东流；另一方面更是忧虑，担心自己的继承人如妻子和儿女将来没有足够的现金支付这笔昂贵的遗产税，那么他们就无法继承遗产。这个棘手的问题，几乎每个富商都存在。他们非常渴望有人能在这方面帮到他们。

最后，货币汇率也是一个非常现实的金融问题。台币不是美元这样的硬通货，它不能在国际市场自由兑换，而且退一万步来说，一旦局势动荡，或发生大的危机，台币有可能在一夜之间贬值，这并非天方夜谭，历史上有很多真实的案例给了我们深刻的警醒。因此，富庶人士希望能开拓外币投资，持有部分外币，比完全持有台币要安全很多。

了解到这些强烈的需求，我同时对当时台湾市场上的供应方即金融界做了分析，发现台湾本土的理财投资产品无法满足以上的几大需求。因此，在 SARS 之前，我已经认定台湾是我的一片蓝海。

我将在香港大获好评的"101"基金介绍给台湾的代理商，让客户通过购买"101"基金，将财富和资产分散投放到海外的投资平台。因为"101"基金平台上有很多海外基金可供他们选择投资，例如大中华基金、美国基金、印度尼西亚基金等，全都是全球有名的基金。在那个时代，"101"基金已经足够满足台湾市场的需求。

台湾市场传来的反馈，令人无比振奋。"101"基金在台湾大受欢迎，销售情况可以用"火爆"来形容。广达上下就像被打了强心针一样欢呼雀跃，笼罩在广达身上的"香港地区零收入危机"被迅速化解，市场上散播的广达"即将倒闭"的谣言也很快烟消云散。在香港愁云惨雾的时候，台湾市场的成绩成为"远水救了近渴"的传奇。

可以说，在 SARS 后期，我们靠着台湾市场的大卖，救活了广达香港市场的"命"，帮助广达支撑了下去。

2003 年 6 月 23 日，世界卫生组织将香港的名字从"SARS 疫区"中轻轻擦去了。消息传来，滋扰了香港市民大半年之久的"白色恐怖"终于化为乌有，一度逼近的死亡气息也被维多利亚港清新的海风吹得无影无踪。每个人脸上都挂着轻松而灿烂的笑容，香港社会迎来了新生，它再一次扛过了大风大浪，继续傲然于香江一畔，再次昂首挺胸地向前走去。

那天，我们走进了久违的酒楼，精心点了一桌菜。酒杯满上，菜肴端上，广达今日要犒赏"三军"！我们人不多，有几个员工还在海外出差未归，但坐在这里的，没有一个不从心底里笑出声来。

香港活了，市场也就活了，虽然广达的重心已经移向了海外，但香港是我们的家，是我们的根基所在，我们依托它而生长，就像婴儿吸取母亲体内的营养而长大。现在香港又好了，阴霾一扫而光，我真替香港高兴。

觥筹交错间，是压抑许久而释放出来的欢声笑语，是希望，是热情，是重燃的梦想，是渴望的火光，荡漾在他们的脸上，晃眼，明亮。恍惚间，我仿佛探见了幸福，就从此刻、今天、这里的每一个人身上，从广达开始，像一坛陈年老酒，慢慢酝酿……

第六章　海外拓展

立足香港

放眼亚洲

我找到更多蓝海

两个教训

沉醉于眼前的幸福，三日便可，长则需思变。做任何事，若让感性控制了一切，也会令自己失去控制，变得不够理智。经验和身边的无数案例告诉我，做生意，尤其是帮客户理财，切忌不够理性、感情用事。

我更加知道，理想很丰满，现实很骨感。短暂的喜悦之后，我需要的是更加理智而冷静的思考与决断。

SARS 的暴发对广达在香港的市场造成了很大的冲击。这一次的危机，给了我两个深刻的教训和提醒：第一，公司一定要备有至少半年的储备金；第二，市场不能单一，需分散投资，分摊风险。这是理智处理危机应有的策略部署。

虽然在可以预见的不久，香港社会的经济又将进入新一轮的复苏以及快步成长，理财行业也将迎来自己的第二春，但可以肯定的是，香港一定会变成红海，这是个无可避免的趋势。与其再次将自己陷入红海，不如趁眼下抽身而出，继续去寻找蓝海、下一片蓝海。

既然已经走在他人前面，没有理由再回到人群之中。那就继续保持领先的优势，按照一直以来的路线走下去吧，让理智一直超越感性的控制！

广达在 SARS 期间解散了直销部，SARS 之后，我决定不再重组直销部，也不再继续发展香港市场，而是把精力、人手和资源节省下来去投放更多的海外市场。香港方面，我只保留一部分跟我合作了多年的老客户，帮这些高资产人士做投资，例如，身边有些朋友有这些需求，我便去帮他们做理财投资。对于香港市场，我的策略是：不抛弃，不放弃，不扩张，只维持。

我的计划是，等将来广达足够强大了，可以通过收购香港其他直销队伍的方式去发展该项业务，不用自己从零开始。但目前，我一心一意发展东南亚市场。

我把目光投向了日本和印度尼西亚。它们是我的下一片蓝海。

历史证明了我的眼光之敏锐，对蓝海市场把握之精准。《蓝海策略》这本书中曾经提到过一个著名的表演——O Show，我曾在美国的拉斯维加斯欣赏过。当时它诞生已经超过十年，但每一次演出，都和我那次去看的时候一样，高朋满座，一票难求。它的受欢迎程度到底如何？有人这样形容：到了拉斯维加斯却没看过 O Show 者，就算是白去了。

它的魔力在哪里呢？

O Show 将马戏团与夜总会的表演结合在一起，具有不同种类的表演形式，以两个小时的节目来吸引观众。它的结合不是生硬的糅杂，而是将每一个环节都设计得相当完美，让观众在观看的过程中很自然就随着它切换频道，来到了下一场。这些极其特别的创意，让观众为之疯狂。

O Show 不但让人印象深刻，久久难忘，仿佛孔子说的，"绕梁三日，余音不绝；三月不知肉味"，更对我有很大的启发：作为一名理财公司的掌门人，对市场的把控也一定要不断地更新，不能因循守旧，而应该不断观察与思考，看看不同的市场特点之下，需求有何不同。

每个人由于思考的广度与维度不同，看事情看问题的结果会大相径庭。就像面对眼前的同一杯纯净水，有的人只是单纯地觉得它很清澈，一定很好喝；有的人则会思考，这样纯净的水，如果找到它的水源，加工后卖到水资源稀缺或者对好的水源有更多需求的国家和地区，那么一定会有很大的市场，一定能赚钱。人与人之间的区别，便在于两者的眼界之分别。

因此，面对着同样的市场，有些投资者的视野只是看到50米或者100米外的地方，有些人则看得更远，看到了遥远的地方，有一片蓝海……

登陆日本

我一直认为，广达之所以能扛过危机，十五年屹立不倒，其中一个原因就是因为我肯花时间去十分深入地了解每一个市场的需要，以及思考用什么理财工具和渠道才能够吸引高资产人士，这是我每每能够先人一步抓住市场先机的成功之道。

其实，从基本的文化需求来分析，每个地区都是基本相同的。例如，都希望能规避风险，希望理财商不但能提供售前咨询，更能保证优质的售后服务，这就需要理财商首先具有一个"永续经营"的理念，而非"短、平、快"，打一枪换一个地方。如果赚了眼前的钱就撤兵跑路，这样的公司给客户带来的也只能是没有安全感的生意，不但不能帮他们减低风险，反而给他们平白增添了不安。所以，创立广达最初，我便决定：广达要么不做，要做就要做百年老店！

除这些大致相同的共同点之外，每个市场也有其独特的特点，需求不同，所适合的理财工具也不同。

比如日本市场。

说起日本，给人印象很深的一点是日本人长寿。且不去分析这个中原因，只说我观察到的长寿的日本人的需求是什么，你能猜到吗？

他们竟然希望自己不要那么长寿！这可真是奇怪！中国自秦皇汉武起便开始追求海外仙丹以图长生不老，他们一定不能理解，几千年后的当今日本人，竟然为自己太长命而发愁！简直不可理喻！

但是，细细分析之下，其实大有内情。日本人对长寿的担忧，是基于对退休、养老问题的担忧。由于日本政府给民众的退休金很少，完全满足不了他们年迈后的退休生活，因此，很多人从年轻开始就要为将来的养老而奋斗拼搏，压力很大。一般的日本男性，65岁退休。如果之前他没有做好退休后的准备，没有为自己安排好足够的资产来安度万年，就有可能出现退休后过着没有尊严的生活，而尊严是日本人非常看重的。例如，老爸向自己的儿女伸手要零花钱之类，儿女们推脱不给，这对于他们来说是没有尊严的。这不但是电影中的桥段，生活中更不鲜见。

资产要增值才会有好的回报，有了回报，才会有更多的退休金保证，才会有无忧的养老生活。否则，日元贬值，五十年后他们的三十元只等于一元,一元变得一文不值。

有什么解决办法?

日本市场的本土机构给投资人的回报非常小,钱存在银行里几乎没有利息可言。也没有其他很好的投资工具,本土的投资至多有2%的回报率,根本不存在回报率超过5%甚至10%的理财工具。所以,回报更高的境外理财工具,是他们所需要的。

另外,日本市场还有一个很大的忧虑,也跟中国台湾地区市场是一样的——遗产税,日本的遗产税税率也达到了50%。

看准了这两大需求,我决定让广达在日本主打两个项目:一个是针对退休金市场的项目;另一个是针对遗产税的项目。果不其然,这两大项目在日本很受欢迎,广达成功登陆日本的领土。

冲向印度尼西亚

印度尼西亚市场则与日本市场有很大不同。日本人的两大担忧，在他们那里都不存在。首先，印度尼西亚的人没那么长寿，全国人口的平均生命年龄是 65～70 岁。活得太长，没钱养老这类问题，印度尼西亚的人根本不担心，反而认为是杞人忧天。

同时，在中国台湾地区和日本"很辣"的遗产税，在印度尼西亚也不成为问题。印度尼西亚的遗产税很少，因此他们不必担心死了以后要交昂贵的遗产税给政府之类的后续问题。所以，我们不能拿在日本卖得很成功的产品去打印度尼西亚市场。

怎么办？

通常这些市场调查和分析，大公司都有专门的团队去运作，但当时的广达还是个小公司，所以所有的市场调查都是我自己做。我决定，需要重新分析印度尼西亚市场。

印度尼西亚人最担心什么？

首先，政局动荡，国家不稳。高资产的印度尼西亚人，希望能将资产向海外转移投资，这也是所有政局不稳的国家和地区所普遍存在的忧虑。

其次，印度尼西亚货币不稳，有贬值风险。他们希望能持有海外资产，例如美元，同时不要全部持有印度尼西亚货币。

最后，没有隐私。

这就是印度尼西亚市场富有人士的三大忧虑。因此，广达提供一系列理财平台，教他们如何隐藏自己的财富，如何将所拥有的钱转化为美元，美元应该如何去投资，等等。有忧虑，就需要做好求生的准备措施，备好救生艇，装好安全网。广达做的，就是给他们提供优质的救生艇、安全网，帮他们放进大海中。来日即使在国内生意不佳，也不影响海外投资。

印度尼西亚不是个能自由兑换货币的国家，不可以随意购买国际性的理财产品，也没有美元的投资工具，要去国际性的平台上才行，例如到中国香港地区、新加坡开户口，但这很麻烦。广达从中嗅到了巨大的商机。我想，如果广达在印度尼西亚开公司，再邀请人来香港开户口，一来一去成本太高，而且还要向本地的富商普及教育一些海外投资的观念，投入太大。因此，日本也好，印度尼西亚也好，我们都采用了 B2B 的模式。

例如，我们在印度尼西亚会找一些代理商，代理人来自五个领域，包括会计公司、税务公司、法律顾问、银行家、保险与基金公司。广达邀请他们做我们的合作单位，因为他们手上都各有一批客户群，我们便建议，如果有客户询问他们一些与投资理财有关的问题，他们不妨将这类客户介绍给广达，我们给他们分成。

代理商们回头一想，的确常常有客户询问相关问题，而他们并不熟悉，也帮不到客户。再加上广达的产品让他们觉得耳目一新，对客户确实具备很强的吸引力，因此，他们便和广达达成了协议。

屡创奇迹

通过低成本的 B2B 模式，广达迅速发展了东南亚以及中国内地的市场，并在十五年来覆盖了整个亚洲地区。

其实，当时的广达加起来只有 9 个员工是专门跑市场的，却能够服务如此多的亚洲市场，我引入的 B2B 模式，可谓当时成功的法宝。

其实广达的人员一直不是很多，也没有进行大量的招聘，之所以能全面扑入亚洲市场，还是我之前种下的善缘结出的善果。我在 Crown Life 十几年的人脉资源，持续源源不断地给力，帮助我深入一片又一片蓝海。

例如，我在印度尼西亚有业内好友，这让我在印度尼西亚找起合作的代理商来举重若轻，并不费力。在中国台湾地区、日本等也都是如此。但后来发展泰国市场，由于在泰国没有现成的人脉，我只好自己充当猎头，去发现可以合作的代理商。

比如，我会从五大领域（会计公司、税务公司、法律顾问、银行家、保险与基金公司）挑选几个机构，然后发

○ 梁大年出席2006年上海展览会

电子邮件或者传真与他们联系，向他们介绍广达是一个什么样的公司，可以提供什么样的产品与服务，希望能与他们接触一下，了解一下我们的产品和服务是否适合他们的客户。希望他们能有时间让我去泰国跟他们见面详谈。

我的这些电子邮件中已经诞生了很多成功的案例，很多代理商就是这样找到的、谈成的。这证明当时的市场、当时的代理商们都有这类需求，因此他们才会对我、对广达的邀请深表兴趣。

这些，都是我成功的根本所在。

2003年7月底，香港开放内地居民赴港自由行。这一法例的颁布和实施，被视为香港SARS之后的经济复苏强心针。自由行的开放，为香港在SARS期间受到重创的旅游、餐饮、运输、零售、酒店等行业注入新的活力，为低收入低学历人士带来就业机会。香港的经济复苏速度强劲，消费、出口强势反弹，受自由行

的带动，旅客数量、酒店入住率回升，失业率回落。

香港金融市场的情况向好，股市、银行业一挫颓败之气，股价及成交量均出现升幅，客户回流增加。更多的游客来到香港，带来日趋旺盛的旅游和经济收入，多少零售业及相关行业受惠于此。香港金融业的晴好，一路走高。

○ 梁大年出席广达新加坡分公司开业典礼

SARS 的阴影早已被抛进了历史的记事簿被尘封起来。街上的人流又变得如往日般熙熙攘攘，人们的脸上有着短暂的轻松之外，更有着对未来重新聚集起来的希望与憧憬。就像中环的太阳，朝朝升起，趋走大地阴霾，带来生的气息。香港重回东方之珠的繁华盛世，更加稳固了其国际金融城市的定位。

从 2003 年到 2008 年之间，广达进入了飞速发展与拓展海外市场的关键时期：

2005 年，广达扩展在日本的市场业务。

同年，广达于上海成立了代办处，负责广达在中国内地的业务发展与运营。

广达和超过 50 家中国台湾地区的代理人公司签约。

2006 年,广达进军韩国,签订代理人公司合约。

同年,广达开发了文莱及泰国市场。

2007 年,广达在新加坡开设办事处分公司,获得当地金管局颁发的经营执照,成为唯一一家同时拥有中国香港与新加坡两地牌照的理财顾问公司,新加坡办事处专门发展新加坡、印度尼西亚和菲律宾等国家的业务。

同年,广达成立了文莱合营公司;广达温哥华办事处成立。

……

该时期,我和广达一起创造和见证了很多成绩、很多奇迹。令我感到欣慰的是,广达和香港经济一样,走过了 SARS 的低谷,翻过了新的一页,正在谱写壮丽美好的诗篇;而广达也和它的名字一样,展开广阔的翅膀,飞达更远的天空,构想更加宏伟的蓝图,从未放弃寻找更多的蓝海。

第七章　再临危机

金融海啸濒临城下
谁能屹立于天地之间
笑看风云变幻?

金融海啸

2007年,中国内地研究开放公民于境外投资的政策,并于8月公布《开展境内个人直接投资境外证券市场试点方案》,这一方案的问世,极大地刺激了香港股市,恒生指数高开,并一路高歌猛进,到了10月,恒生指数创下历史新高位。

然而到了2008年,这一年同样让许多人难忘。一场全球性的金融风暴,又令许多国家和地区在SARS之后逐步恢复的经济重回低谷，让许多公司和投资者"辛辛苦苦多少年，一夜归零"。

这场风暴，人们称它为"金融海啸"。

事情缘起于2008年1月，美国次贷风暴的影响开始浮现，房地产与信贷行业泡沫破灭，导致美国股市下跌。1月21日，后来被人们称为"黑色星期一"，当日欧洲股市出现自2001年"911"事件以来单日最大跌幅，伦敦股市也创下历史单日跌幅最大的纪录。

亚洲股市也深受影响。1月22日，恒生指数创下历史最大单日跌幅。全球有一半股市在当日跌穿所谓牛熊分界线的250日移动平均线。虽然美国政府之后宣布了救市计划，但依然无法挽救股市一路下挫的颓势。全球股市受到震荡，当月恒生指数一路向下，由约27600点跌至22000以下。恒生指数继续探底。

然而，一波未平一波又起。9月30日，美国众议院否决了7000亿美元的救市方案，此举点燃了多月来震荡脆弱的市场，引爆了第二轮的全球股灾。10月，恒生指数一路下滑，并一度跌至11000点。即使特区政府在当月发布《施政报告》，也难挽跌势。

陆续有大型金融机构或者财团破产的消息传出，零售业引发倒闭潮，更让市场信心濒临崩溃。此情此景，投资者深悔涉足投资领域，感叹未能及早抽身而出，更有才者于网上写下打油歌词自我讽刺，发泄心情：

我过去，炒窝轮，几百万去；到了破产以后，没法再睡……最心痛是，放得太迟；有些股票，不可等某个日子……最可怕是，放需要及时；只差一秒，高位都已变历史……

虽是打油歌曲，但形容起来可谓入型入格，让人笑中有泪，扼腕而叹。

广达也经历了开创以来的第二次危机。

当年，广达提供的很多服务都是投资理财类的，虽然投资的工具不同，但性质都是通过平台上的资产管理商品进行海外投资，我们采用的是保险公司的其中一种商品——基金投资。广达当时专门有基金经理帮客户管理这些通过平台购买的基金，例如进行低买高卖。但当金融海啸席卷而至，基金的价格受到影响而调低，许多客户的资产因而缩水，广达也被客户投诉。

客户们开始犹豫是否要继续投资基金，甚至有些客户由于受到市场信心低迷的影响而看不到前景，决定从市场抽身而出，希望能保留剩余的财产。

我们很希望能劝止这些客户，让他们明白，投资基金是看长远的，但持续下跌的股市和灰暗的市场氛围让客户们对投资失去了信心，很多客户在这一年斩仓，不再供款，令广达损失惨重。由于当年的广达有一半产品是基金投资，一半是保险产品，因此广达的市场业务也下降了将近60%。

但由于保险产品的市场还好，比起SARS期间，广达在第二次危机时代的情形已经好了很多。

全体减薪

经过了第一次危机之后,当公司面临困境时,我多了临危不变的强大心理与处理应对的方法措施。当然,SARS之后,虽然我一再告诫自己,广达一定要做到有至少六个月以上的储备金以备不时之需,但我是个富于冒险精神的人,如果十个市场中有三四个市场的收益能平衡广达的支出,那么剩下的六七个市场,我会不停地投入开发,不停地寻找新的蓝海。我并不急功近利、急于求成,投资五六年,我相信就会有收获,事实上,我的几个东南亚市场都是这样开发成功的。

因此,虽然广达已经发展多年,在金融风暴前,生意也是蒸蒸日上,但是广达赚下的大多数收益并没有落袋为安,而是被用于开发更多的蓝海市场。

我会看到身后有一大批追随者在追赶我的脚步,我到哪儿,他们会在几年后跟到哪儿，因此我永远有一种紧迫感，往前、往前，不进则退，不继续走，就会被人追上，蓝海变成红海，广达就会被人取代。市场的残酷决定了我的决策，这也是后来我被业内人士称为"大佬"的原因，他们说，要想了解哪个市场还有潜力，只需要看"大佬"去哪儿，哪儿就是有潜力的。

总而言之，在大批客户斩仓、公司损失近六成的状况下，我决定继续使用开源节流的方法来扛过第二次危机。

先说节流。

我宣布，全公司员工一起减薪。

按照管理学的原理，一般如果公司收益不能覆盖公司的运营成本时，半年后便应该有所行动，但我决定多等半年，给大家缓冲的时间和心理准备。一年以后，我对员工们说，如果公司的生意持续这样下去，迟早会关门大吉。所以，我们要控制成本，第一就要全体降薪。

广达内部的管理体制很特别，十分透明化，成本、收益都是透明的，每月要做到多少收益才能平衡公司运营成本，大部分主管及主管级以上的员工都非常清楚。所以，广达当时的情形，本月收益能否覆盖成本，公司能否撑得下去，他们也是心知肚明。因此，员工们并没有很大的抵触情绪，默默接受了眼前的这个处境。于是，在金融风暴后，广达上下全体咬紧牙关，齐心协力，希望扛过第二次危机。

再说开源。

从这次的危机中，我发现广达现有的产品构成需要重组。在金融风暴之前，基金投资产品深受客户的青睐，在开发海外市场上屡试不爽，熟料一场金融风暴，让投资者们对这类投资工具完全失去了信心。我意识到，基金相连的产品太过单一，而且市场占有份额过大。我们之前的客户，有的是为了追求资产增值，有的则本来就是为了寻找保险商品，而香港的保险商品优势在于物美价廉，保费比其他地方便宜，这便是广达身为一个香港公司的优势。

因此，我决定扩大现有的保险业务。

首先，我开始在市场上引入一些保险商品来作为资产配置的工具。其次，经过金融风暴一役后，由于金融行业的重创和持续低迷，但凡提起"投资"二字，投资者们都是心惊肉跳，因此，我让员工们去和客户谈时，不要提"投资"，改为"保障"。为什么要说服他们来香港买保险呢？就是为了帮他们保护他们现有的资产，广达能做的就是帮他们分散降低风险，尤其是帮他们做好应对下一次这样的金融危机的防御措施。所以，当我们和客户们谈论保障时，其实谈论的就是投资。

另外，我开始考虑多开发其他产品。2009年，广达扩展到一些高资产的发展，即私人银行平台的发展。同时，受金融风暴的打击，美国房地产行业留下很多不良资产，我们便借此开始研发自己的产品，在 2010 年，我们将美国房地产打包成为一个理财投资产品，提供给东南亚市场，介绍一些个人投资者去投资美国房地产。

在此基础上，我们开始开发更多的优质房地产物业，比如美国的老人院。之所以看好这一领域，是基于美国对老人院的物业需求之庞大，是严重的供不应求，我相信，投资老人院会给投资者们带来稳定的回报。因而从 2010 年开始，广达逐步收购了 12 间老人院，投资金额达到 4 亿美元。而在英国，我们也与大型的房地产开发商达成了合作协议。

努力让广达开发新产品和新领域，是我基于这次危机所得的教训——不要把所有的鸡蛋都放在同一个篮子里，公司的生意不能主要压在同一种工具上，而要形成"百花齐放，各领风骚"的局面，这样的产品结构才更为安全健康，也更符合市场适者生存的规律。

一系列的积极措施尝试之下，广达的生意又慢慢好了起来，开始恢复生机活力。随着市场经济的逐步恢复，过去被投资者们放弃的产品又重新回到了投资平台上。那些在金融风暴后坚持不下去而斩仓的投资者们，有很多开始后悔当时的草率决定，在低位时匆匆退出了这场本应该打持久战的游戏。而那些当时咬牙控制住了冲动坚持下来的投资者们，最终尝到了甜头。笑到最后的，才是笑得最甜的。

同样的,我也发自内心地大声笑了。经历的风浪多了,也就在风浪中变得淡定而强大,两次危机广达都有惊无险地扛了过去。未来,我深信,广达会走得更好!

迈向更高点!

经过洗礼,广达逐步变得成熟,走向新的辉煌:

2009 年,广达成立日本合营公司;同年,开发了另类的投资产品——加拿大土地创富计划。

2010 年,广达成立了加拿大土地创富办事处;同年,广达台北分公司成立。

2011 年,广达成立麦迪逊合营公司;同年,广达美国保险办事处成立。

2012—2013 年间,广达与欧洲安道尔私人银行达成合作协议。

多年来,广达持续为客户带来丰厚的回报,成功案例不胜枚举。

阳光总在风雨后,广达就像一只浴火涅槃的凤凰,获得了新生;广达这片果林,长满既沧桑又年轻的树木,如果说危机发生之前,它还是种满一棵棵幼嫩的树苗,如今,这些树苗已经茁壮成长，长得枝繁叶茂，根基强劲，在迎风兀自展开欢欣的笑颜。

这些年来，我一直在默默努力，从不放弃在春天播种下希望的种子，经历风雨，经过天地变幻、世事沧桑，我脚下的这片土地已经变得肥沃而风姿绰约。我从不在乎用更长的时间去等待，因为我一直相信，我为广达的辛勤播种，一定能迎来丰盛的收成。

广达，经历了冬的寒冷、春的新生以及夏的历练，来到秋的丰收。如今满眼都是金黄的硕果，在等待我某一天去采摘，去检验我多年心血所换来的成果。我从不怀疑，秋天一定会到来，就像秋天总是会迎来收成，广达也将迎来它的丰收期。

十五年，广达在岁月中渐渐磨炼得性感迷人。办公室也一搬再搬，从一间小小的房间，搬到如今独居4层写字楼。全公司的员工人数由创立初期的4人，发展到如今上百人，于2014年举办广达成立十五周年的庆典，我们需要为我们庞大的队伍物色一个合适的足以容纳几百人的场所。

我们的市场遍及整个亚洲地区，并延伸到欧洲与北美。

广达构建了六大服务枢纽：广达香港总部、新加坡区域分部、广达台北区域分部、广达上海办事处、广达北京办事处、广达北美区域分部。

此外，广达还建立了辐射广泛的海外网络，如文莱、加拿大、中国内地、印度尼西亚、马来西亚、菲律宾、韩国、泰国等。

我十分了解自己的个性特点或者说优势，那就是："一旦选择远方，便只顾风雨兼程"。这些年来，广达为客户赚了很多钱，也发展壮大起来，但如我之前所说的，我也没有时间和兴趣去

○ 梁大年出席2013年12月理财管理会议

享受成功后的优越生活，因为我一直有一个梦想，这个梦想不是俗世中的功成名就、衣锦还乡，不是金银满屋、地位显赫；我梦想的，是让亚洲更多地区的投资者们认识到：这个世界上，想要让资产增值，就应该进行资产的管理和投资，而投资可以有很多不同的方法和工具，绝不是局限在他们本土所能提供的那些，每个地区的投资者都有适合他们的不同的投资渠道，在海外，那儿有更大的一片市场，有更多选择。而这些选择，这些特别的渠道和工具，广达可以提供。无论什么时候，无论想要怎样的理财服务，只要来找广达，便可达成所愿。

我希望，亚洲的投资者们想起投资，便想起广达；他们信任广达，放心把资产交给广达来帮忙管理，正如信任他们身边的朋友那般。我也希望，广达在健康发展与迈向更高点的同时，能为客户带来盆满钵满的财富，以回报这些始终信任我们的身处不同地方的人们。

○ 梁大年出席温哥华 MDRT Expo 国际展览会。

该展览会是一个重要的国际展览会，举办机构会邀请全球的人寿保险精英与会。

恍惚中，我又看见了蓝海。这些年来，我从不放弃寻找蓝海，它们总是在远处的某个地方，静静地召唤着我，发出只有我自己知道的隐形的光芒，在吸引我前行的脚步，跋山涉水，一次次跌倒，又一次次爬起来，拍拍身上的灰尘，振作疲倦的精神，深呼吸，再重新启程。而幸运女神也一直眷顾着我，让我能一次次找到蓝海，让我总能在似乎山穷水尽之时，见到蓝海那迷人的光芒，全身心地感受那无人涉足的幸福感。

回望我这一路走来，沉浮在理财界这四十年来，包括创立广达这些年，我几乎都徜徉在蓝海中，肆意地享受着一片片蔚蓝。我仰卧在海平面，抬起头看，离澄明的天空那么近，仿佛伸伸手就能够触及。拥有自己的一片天空与一片蓝海，这样的感觉真是妙极了！

穷极一生，最终，不就是为了追求这终极的美妙与幸福吗？

第八章　危机在未来

迎接危机的最好礼物

就是预防危机

第三次危机

我的思绪从万里云层，冲破渺茫天际，穿透时空障碍，终于回到现实。视野逐渐清晰，眼前是两位客人；而我，正在用我一贯平静的不快不慢的温和语调，与他们分享我和广达的故事，我的理财历程与理念。这故事一路讲来，原来竟不是像今天这样，一整天就能够娓娓话完。

我请秘书拿进来一份类似菜单的东西，放在客人面前。

"想喝点什么？"我笑说。

客人边翻动这份"菜单"边惊呼："您这里还提供饮品的餐单！？"

"当然。让每一位来到广达的客人毕生难忘，是我的待客之道。"我点了一杯黑咖啡，接着说，"因此，今年装修公司写字楼时，我想到这个创意，客人来到广达，不仅仅是开会谈工作谈生意，我还希望他得到一种独特的体验——你看，我们连饮品都有餐单，还有点心提供。"他们听得兴致勃勃，我笑着说："绝不是敷衍啊，光咖啡，我们这里就有十几种之多，慢慢挑！"

客人们在我盛情邀请下各点了一杯。我们进入了茶歇时间。

"梁先生，如果我没记错，您刚才提到广达有三次危机。但是，您似乎还只介绍了两次？"

"是的，你没记错，广达的确存在第三次危机。"

我的目光再一次越过广达的会议室，越过高楼大厦，望向遥远的地方。

"只不过，这一次危机，它还没有发生，它在将来的某一天。"

事实上，广达今日的成果也许还算不上显赫，但也令我骄傲：

第一，在产品供应方面，无论是保险公司、银行，还是基金公司等，都认可广达是B2B的龙头大哥。

第二，在渠道方面，广达也是独树一帜，比如，中国内地的投资者，如果想要找一个什么产品都能提供的平台来投资海外市场，一定是找广达。

第三，海外的基金公司，如英国的某基金公司，如果想发展东南亚市场的业务，它需要找到一个区域商，那么，如果它不找广达来合作，也就不知道应该找谁了，因为广达开拓了许多的附属区域商，已经足够覆盖整个东南亚地区。

在韩国，在中国内地，在日本，在泰国，这些地方我早已播种，现在正在等待丰收；有些地区，由于我们已经培育了很长时间，现在不必花太多时间在那里，比如新加坡、中国台湾和香港地区，针对这些市场，我研发了一种叫做离岸资产管理的服务，专门用来巩固这些成熟市场的客户群。

然而，繁华背后暗藏危机。如果你看得不够远，那是因为你还不够高。我在笑看广达现有成绩的同时，仍然需要不断提醒自己，看得再远一点，更远的地方也许会是广达的下一次危机。

人生就是一场声势浩大、费时漫长的竞赛，只要我还走在这条路上，就无法停止向前奔跑。于是，我也将无时无刻不准备着迎接茫茫前路上可能出现的危机。

而用来迎接这场未来某个时间可能出现的危机的最好礼物，便是预防危机。

六大部署,防患于未然

对于将来可能出现的危机,我已做了详尽的分析,并正在部署六大战略措施来抵御这种风险。

第一部署:巩固现有蓝海,开发更多蓝海。

诚然,广达走到今天,已经发展成为业界的龙头老大,在我们身后有许多追随者,这些追随者,让我最初发现的蓝海逐渐变成了红海。

比如,中国台湾地区。最初的台湾市场是一片蓝海,但现在竞争对手越来越多,台湾市场变成一片红海。四五年前,我在思考,如果我们继续用现有的产品去打台湾市场,而这种产品是其他公司也可以做到的,那就意味着人人都能得到,要得到生意,就要比谁的价钱更便宜,这样一来,竞争变成恶性,那么市场上一定会出现用价钱逼走我们的竞争对手。

除了中国台湾地区和香港地区、新加坡也都变成了红海市场。当然，我们已经先人一步开拓了更多其他的蓝海市场，但不得不承认的一个必然趋势是，未来的某个时刻，现在的蓝海也终将变成红海。比如，2005年我们开始开拓韩国市场；2013年，韩国出现了跟随者，当然现在这些跟随者还不足以成为我们的竞争对手，但对手终将会长大，会与我们瓜分市场份额。而中国内地现在还是蓝海，但我估计5～10年时间，也可能会变成红海。

我做人的宗旨之前已经说过，不是逼人走上绝路，我希望给人留有余地的同时，自己也有了一线生机，因此我希望有钱可以大家一起赚，如果要变成红海中靠打价格战来争夺利益的竞争者，我宁愿选择在保留现有市场的同时，走出去开发更多的市场，寻找下一片蓝海。因此，未来可能爆发的危机，督促我继续寻找蓝海。

另外，到2014年，广达有接近50%的业务在中国内地市场。而这也将带来未来的危机——不要把鸡蛋放在同一个篮子里，我们会教客户分散投资，而过去的几次危机带来的教训也告诉我，广达的业务分布也需要进行分散，以防未来的某个时刻爆发的某种危机。

所以，未来两年之内，广达会将发展重心放在开发马来西亚、韩国以及泰国市场，它们现在还是我心目中的蓝海。这些国家的共同点是社会不稳定。但置诸死地而后生，有危才有机，这些国家仍拥有一片广阔的市场空间，可以平衡广达整个业务构成,避免将业务集中在一个市场。我的计划是将五分之一的业务分散到其他国家。

第二部署:运营模式改革,由 B2B 转变为 B2B+B2C。

通过多年的努力,广达毫无疑问已成为香港理财行业 B2B 模式的龙头老大。但是,如何开发更多市场、加强与业务伙伴及代理商的合作,以令他们以及广达自己都可赚取到更多利润?

随着广达的生意越做越大,一些代理商的要求也变高了。拿做批发生意来举例,广达将产品批发给这些代理商,如果广达赚到 100 元,那么就会给代理商 80 元,自己留下 20 元。但是,现在有些代理商要求我们给他们 95 元。广达为了开拓市场、开发产品,付出了多少成本?并且我们还提供非常多的售后服务,这些都是包括在成本之内的。我们至少要拿回 20 元,才能在把这个成本补回之余,也可让代理商赚到他们所要赚的利润。

有鉴于此,我决定将运作模式进行部分改变,未来留下一半的业务继续用与代理商合作的 B2B;另外一半拿出来自己去市场上找客户,也就是 B2C。未来广达的员工会去到不同的国家和地区直接接洽客户。

第三部署:转型成为 VIP 俱乐部,打造高端市场。

很多演员、明星,到了一定的程度就要考虑转型的问题。企业也是一样。

什么是转型？其实就是重新规划企业的市场定位或者说目标客户群定位。举例来说，现在的香港零售业非常火爆，生意兴隆，多亏了内地居民自由行的开放。因此，很多商家开始转型，比如说餐饮业中的高档海鲜酒家，装修格调奢华，它的定位是什么呢？就是主打游客市场，香港本地人是不会去消费的。那么，香港人去哪里吃饭呢？如果我们要吃传统食物，就会去一些本地的外表普普通通的食肆，吃的是自己熟悉的味道，还不用花那么多钱，这些本地的低调的食肆，就是做的本土市场。这就是定位不同，各有各做法。

其实，广达之前的目标客户定位主要不是走高端路线，大约1000个客户里面不到10个是高资产人士。你一定想问，如何去界定这个人是否是高资产人士？没问题，这个答案有国际标准：资产达到1000万美元的人士，才称得上高资产人士。这里说的资产，包括现金、股票、流动资金、私人资金等，这些都属于流动资产。未来，我希望将广达打造为一个"VIP俱乐部"，主打高端市场，或者说开拓更多的高资产客户。我的目标是将来的1000个客户中，有50个是高资产人士。

第四部署：变身连卡佛百货公司，开发更多自己的原创产品。

今天的广达，可以提供多达100种商品给全球客户，其中有十种是广达自己研发的。但未来，我希望广达能发展更多的自创产品，变身为像连卡佛那样的国际百货公司，100种商品中，广达的自研产品能逐渐增多到20种、30种，甚至更多……

因此，未来，我希望能在市场上募集资金，研发自己的理财产品，同时可以在每个地区推出一个加盟执照。这种理念类似于连锁加盟店。广达作为总公司提供一切原料，加盟店负责销售与提供售后服务，有助于广达的"永续经营"理念的推进。例如，杭州和西安市场，我们计划用加盟店的形式进行拓展，我们会收取每间店的加盟费。

另外，我还希望广达能与数码时代的新科技完美结合，利用IT渠道来完善我们的售后服务，例如，我们准备开发手机apps以服务客户。这些将是未来广达开发的主流渠道。

还有，之前我提到的收购美国老人院的业务，目前我将这部分业务归入有限合伙人计划中，未来会逐渐转变为能以每日或每周进行流通与成交的基金，让客户的投资形式更加灵活多样。

最后，我们还将优化我们的销售渠道，不合格的渠道将被终止合约。

第五部署：增加资产管理服务，让雪球越滚越大。

目前，广达的服务主要集中在四大范畴：投资理财服务、人寿保险、房地产投资、资产管理。这四大范畴里面，广达在保险、基金方面的产品较多，而在资产管理一项涉及不多。但现在开始渐渐增加了这项业务。

什么是资产管理呢？

例如，有些客户继承了很多遗产，但是对于如何管理这些遗产并不在行。那么，他可以交给广达来帮他管理。举例而言，客户在广达开了一个账户，广达会帮他做一些资产的配置服务。假设客户账户上有100万美元，作为一名资产管理员，我将会如何替他来用这100万美元进行投资？例如，百分之多少买股票，百分之多少买债券，又拿多少买定息的基金，等等。这就属于私人资产管理。广达成立了一个专门的团队，负责资产管理服务。

假设客户张先生在广达开了资产管理的账户，我们会介绍他到我们的平台上与跟我们签约的银行去开私人银行账户，如果一个平台上有五家跟我们签约的银行，他们的入门门槛都不同，比如C银行需要500万元港币，而D银行只要50万元。张先生想要求低一点的，没问题，我就介绍D银行给他，提供一切他所需的资料，帮他把所有文件表格准备好，再帮他发给银行。银行审批通过了，那么他的私人银行账户就开通了。

第一步，张先生在D银行开了账户后，把钱存进去。第二步，我帮他做资产配置，跟他签订协议，估计每年给他赚到5%的回报。白纸黑字，张先生放心多了。但广达的内部要求不止这么多，我们的员工会努力帮他赚取更多收益。因为协议同时会注明，当收益率超过5%时，广达会在多出的收益中收取一定比例的利润回报。简单来说，张先生多赚了的，可能他拿 75%，广达拿 25%。

基于此，广达的团队会非常努力地帮张先生去赚钱，赚到钱双赢互利，何乐而不为？张先生很愉快地与广达签了合同。

未来，我希望广达管理的资产可以达到 100 亿美元。如果广达可以持续帮客户赚钱，那么客户就不会离开，会持续让我们帮他们管理资产。这样雪球就会越滚越大，100 亿元港币就能变成 200 亿元港币、300 亿元港币甚至更多。这就是广达在这一服务领域未来的发展方向。

第六部署：开拓第五大服务板块。

未来的广达，会创立第五大板块——信托服务。用信托的方式将客户的资产保存起来，将信托作为一个用来免税、节税和处理遗产税的工具。这一板块，未来我也将投入更多精力去扩展。

另外，基于现有移民需求的人数与日俱增，我们也会开设移民服务，为中国内地和东南亚的客户服务。目前我们开设的移民项目有三个区域：欧洲、美国和中国香港地区。不过，短期内移民客户量不多，所以我不会将它独立出来作为一个板块，只列入信托板块内作为一个增值的投资工具。

至于将来各大板块的发展预计，我希望它们给公司带来的利润能维持一个相对的平衡，如每个板块达到 25%～30%。我不希望某个板块,如私人银行业务占到公司业务的50%甚至60%,业务向某个领域倾斜过多,将不利于广达今后的健康发展。

要做百年老店

  我手握咖啡杯的手柄，这只骨瓷咖啡杯，我用了很多年，一直舍不得扔，透过太阳光，可以看见杯身有细微的纹理，这种纹理让杯子看起来有一种怀旧的气质，不同于新买的品种。我的员工们皆说，梁老板是个长情、念旧的人。

  我不得不承认，他们说的没错。我的个人气质，也在不知不觉中让广达染上"情谊"的气息，仔细搜寻，你必能在它的某个角落发现。

  就因为这种长情、念旧，我一直不希望广达只是做"快餐企业"，只为一夕之烟花灿烂，转眼烟火燃尽，落地为尘。如果说愿景，我的愿景是：广达可以成为百年老店，传承下去如香港的老字号，不仅是生意传承，还有文化价值的累积。广达不应是个只赚钱的企业，它应该也能够做得更多。

未来的危机，无论它是否会发生，将在某年某月的某一天发生，都将是另一个故事。而这个故事，我与广达将会用更多的十五年，去创造，去挥就一个传奇。

不知不觉谈了一天，客人们起身告辞。送走他们，我想起明天是周末，已约好老友一起去打高尔夫球，于是我打了电话告诉他们，打球计划如约进行，不见不散。

抬起头看到时间已至下午5点，这时的香港股市早已收市了。或许有一天，广达的名字也会轻轻跳上股市大盘，随着恒生指数欢快地起舞，跳动着每日更新的舞步，展现在全球面前。就像广达强劲有力的生命脉搏一样，生生不息。

我期待那一天的到来。

太阳将要下山，旧的体制与观念将随着时间的推移而逐渐消弭于时光里，新的契机与憧憬正在包容万物生长的世界茁壮成长。广达年轻的生命，将见证更多个日落与日出，将为更多人带来安稳与丰富的人生。而我也将在日出日落之间，继续谱写我的"蓝海"人生。

梁大年的蓝海

陪你迈向理财更高点

第二部 我的第二身份

那么多身份
丰富了我的人生
呈现出不一样的我

梁大年的蓝海

陪你迈向理财更高点

第一章　狮子会会长

做义工
出钱
出力
更出心

演讲的艺术

"大家好！我叫梁大年。家中除了父母，还有个姐姐，叫梁小玲。小时候，我问我爸爸，为什么姐姐叫小玲，而我反而叫大年呢？大家猜一猜为什么？猜中的，我奖个红包。"

平时与人会面，或者向学生讲课，我用3分钟介绍自己。以上便是我介绍自己时常用的一段开场白。很浅显，却容易让人印象深刻，一下子就记住了我。人们说我很会讲话，做演讲不用提前准备讲稿，开广达的全体员工大会时要上台讲话，也不用预先打好腹稿。非常自然地，当我站在台上时，基本上就知道应该说些什么了。无可否认，随着职位的上升，随着广达业务越做越大，公司发展越来越蓬勃，需要我上台演讲的时间也与日俱增。人们还说，我会演讲，是因为我过去做过很长时间的销售，做销售的人天生就会讲话。

其实不是这样。我不是天生的演讲家，更不是语言艺术者。当我演讲时，我只是以我口讲我心，诚恳地表达。但我承认，我在演讲中会运用一点点技巧来使我的演讲变得趣味盎然，避开枯燥乏味、令人昏昏欲睡的缺点。

比如，上面那段我经常使用的带有浓厚个人特质的开场白。开场白的意义在于，能立即抓住听众的注意力，提起听众的兴致来认真聆听后面的内容。开场白之后就是内容，内容不宜太多，一定要简洁，表达完意思即可，不要跑题、思维跳跃，更切忌"满嘴跑火车"——这不是说相声。太长的内容会令听众产生厌倦和疲惫，从而失去兴趣和关注，所以一定要避免出现这种局面。简洁的内容介绍完毕，立即进入尾声。尾声也是掷地有声，铿锵有力，简单直接。所以，我的演讲就是三段话，绝不啰唆。

这些不是与生俱来的技巧，更不是天赋，而是我过去在香港北区狮子会学到的演讲的艺术。

开会的哲学

热心公益的朋友们一定对"狮子会"这个名字并不陌生。国际狮子会（中文全称为狮子俱乐部国际协会）最早成立于美国，发展至今，已成为最具影响力的全球性慈善服务组织，拥有46000个分会及140万个会员分布于世界，在联合国经济及社会理事会享有资深地位。目前已发展为历史最悠久、会员人数最庞大、服务范围最广泛的志愿服务团体。因其对慈善服务的贡献和影响，联合国每年2～3月间选定一天在总部举行"联合国狮子日"纪念活动。

香港狮子会最早成立于1955年，并先后发展了许多分会，其中香港北区狮子会便是分会之一。而中国内地的狮子会，则在2005年由国务院批准在北京正式成立，目前在广东、山东、北京、沈阳、浙江、陕西、哈尔滨、四川等省，有超过600支服务队、20000余名会员。

我加入的是成立于1987年的香港北区狮子会。我加入狮子会成为会员已有十七八个年头了，并曾在2001—2002年期间担任过会长。

如果要我总结一下，过往这么多年来，曾经有哪些机构对我的影响或者改变最大，我会首推狮子会。

在狮子会的这十多年，我学到了很多东西。例如，我之前说过的演讲的艺术，另外，还有开会的哲学。

作为一间专注于海外投资市场的公司总经理，一年下来，大大小小的会议不计其数，对内包括部门会议、经理层会议、销售部大会、全公司大会等，对外与各个领域与地区的代理商、客户们的会议更是不胜枚举。如今的我，自然能够应付自如，将每一次会议都掌控得良好。不要以为开会是件简单的事情，只是"出席"与"发言"组合的一个过程。开会也有开会的哲学。

简单来说，开会前需要准备什么样的资料与议程，开会时的发言应该注意什么样的礼节与规矩，如何在开会期间进行提议，提议时应如何表决和表达自己的意见，如何去赞成，如何去反对，如何提出自己的看法，如何做会议记录，如何推进会议的不同层次，等等。这些烦琐的细节，我也都是在狮子会学到的。

在我任职狮子会会长期间，需要带领一帮会员，代表香港北区狮子会去履行职责。会长的背后有3个副会长协助，每个月需要开例会和董事会。通过不断地参与和组织这些会议，我逐渐领悟到开会的哲学，学会了如何组织一次成功的会议，开会不仅是说与不说的问题，还包括会议的层次、议程以及记录。

助人 = 出钱 + 出力 + 出心

狮子会是非常有名的慈善团体。它的座右铭或者说宣言就是：We Serve，翻译成中文便是简单的四个字：我们服务。服务是狮子会强调的一种做慈善的精神，基于此，狮子会有不同于其他慈善团体的行善准则。有些慈善机构只要求善长仁翁出钱便可，不需要自己亲身参与他们的活动或者说行动。而狮子会的准则则高度体现了"我们服务"的精神：不但出钱，还号召会员们出力以及出心。

为何要这样提出来？其实，做慈善这件事情，捐款只是第一步，后面还需要按部就班地去实施、去进行，可以说捐款只是慈善的一个开始，远没有结束。试想想，假如每个人都捐款，但无人愿意去落实，慈善这件好事也就难以为继，有心无力。因此，狮子会号召大家要尽可能地亲身参与到活动中来，任何事情都亲力亲为，以身作则，以此来影响其他人，传达一种理念，即人人无特权。狮子会的这个精神也影响了我为人处世的原则，那就是凡事尽量亲力亲为，同时，对人应一视同仁，秉持一个原则，说白了就是一碗水端平。

在狮子会的这些年，我所感受到的、学到的、体会到的，感染也引导了我日后更加坚定地走上慈善之路，继续成就名副其实的慈善家。

第二章　获嘉奖的救伤队总会长

曾获香港特首嘉奖

像纪律部队般要求自我

历史悠久的救伤队

另一个令我终身受益的机构，是同样著名的香港圣约翰救伤队。

圣约翰救伤机构起源于1099年，是一个源自英国的国际性慈善救援组织，该组织历史悠久，致力于不分种族、阶级、宗教，竭诚为人类服务。圣约翰救伤机构设有圣约翰救伤队，负责急救的工作。

香港圣约翰救伤机构为圣约翰救伤机构在香港所设的支部，于1900年正式成立，1911年正式向普罗大众教授急救课程。现任荣誉会长为香港特别行政区行政长官梁振英先生。

○ 香港圣约翰救伤队参加北京2008年奥运会工作暨访问团授旗仪式

1916年，香港圣约翰救伤队正式成立。救伤队是机构的服务分支，现时约有6000名接受过专业训练、穿着制服的义务工作人员，在公共场所为市民提供急救及其他

○ 香港特别行政区前行政长官曾荫权先生向梁大年颁发嘉许状

有关服务。圣约翰救伤队负责组织、训练年轻人及成人，并配予装备，使他们能够单独或以小组形式，在公共场所或其他地方执行急救、护理及有关工作，达到帮助别人、造福社会的目的，此类服务是完全免费的。

具体来说，救伤队提供以下服务：

救护车服务：提供 24 小时免费救护车服务。

急救当值服务：救伤队队员来自于社会的各行各业，全部都是义务参加的志愿者，义务为公众在大型活动或者人群聚集的场合提供急救以及相关服务。

为残疾人士而设的牙科服务：救伤队设有牙科诊所，由义务牙医轮流当值，为残疾人士提供免费的牙科护理，还经常举办户外牙科保健活动，并为其他慈善团体提供牙科护理的协助，等等。

像纪律部队一样要求自我

我加入救伤队的时间与参加狮子会差不多是同一时期,算下来至今也有十八九年了。由于表现卓越,我还曾获得香港前行政长官曾荫权特别颁发的圣约翰救伤队嘉许状。2011年8月,我升为港岛总区救护分会会长。如今,我成为香港圣约翰救伤队的总会长。

在圣约翰救伤队的十几年,除了获得殊荣,我还学到了很多生意场之外的东西。最令我印象深刻的是,不同于狮子会是由一群社会人士组成,救伤队更接近一只纪律部队的性质,我们在当值期间要求穿统一制服,并需要接受训练和保持练习。救伤队的主要任务,一是出救护车,二是在遇到大型活动或人群聚集时要随时提供救助服务。这就要求救伤队是一支训练有素、效率高、服务佳的团队。因此,在圣约翰的团队中,我学到了三点:

首先，纪律部队有自己的纪律，俗话说："无规矩，不成方圆。"既然加入便必须遵守，对于上司要尊重，上司的命令要做到服从，这样队伍才好管理，带出来的队伍效率才高，也才能更好地服务大众市民。这点也让我在后来打工的过程中逐步形成了尊重上司、尽量配合的工作风格。

其次，遇到突发状况或者紧急情况，要迅速反应，以最快的速度行动起来。救人要争分夺秒，生命的流逝有时就在那一瞬间。越早争取时间，希望越大。因此，平时我们要进行训练，要学会各项必需的救护技能，以不变应万变。

最后，亲力亲为。十几年来，我亲眼见证了许多救伤队同仁不怕辛苦，不辞劳累，不顾安危，作为义工，大家无论天寒暑热，哪里需要就去哪里，随时准备为大众提供帮助。这样的奉献精神让我感动。

而我有幸成为其中的一分子，也一路见证救伤队的无私帮助、不求回报，人人为我、我为人人的理念。这些，都深深影响了我行善乐施的初衷，正如我平时经常对员工们，也对慈善同仁们说的那句话："别人开心，我便开心。"这是我一直信奉的非常朴素的哲理。所以，我喜欢帮人，乐意助人，所谓助人为快乐之本，大抵如此吧。

第三章　中国山区的"梁校长"

资助贫困生

我用真诚翻山越岭

亲自探访他们

成立广达爱心教育基金

　　这么多身份中，其实还有一个很经典的身份，也是我非常喜欢的一个身份："梁校长"。

　　随着广达的生意越做越大，我开始思考关于企业和企业家的社会责任感的问题。天地万物都是相对的，学过物理的人都知道能量守恒定律。举例而言，你打开水龙头装了一壶水，这并不意味着这壶水是凭空变出来的，在你装了一壶水的同时，地球的某

○ 梁大年与受资助的清远阳光中学学生合影

个角落可能就有人少了一壶水。当我、当广达，从社会上、从大众身上赚取了名利、地位、声望、价值的同时，是否也该考虑做一些有意义、有价值的事情来回馈社会、回馈大众，以得到某种平衡？我们最大的市场份额来自中国内地，那么，我们是否应该为内地做些事情，奉献一些，回馈一些？

经过郑重思考，在2007年，我成立广达扶贫基金有限公司，专门给广达参与的公益事业提供资金。而这些资金，是从广达每年的盈利中拨款所得。

有了钱，接下来要定项目，也就是具体资助什么。2007年开始，我成立了"广达爱心教育基金"，资助广东省清远市偏远山区的家庭经济困难学生入读高中。

亲自挑选受助学生

爱心传达下去,问题却接踵而至。

广达爱心教育基金决定,资助清远市山区中学的15位家庭经济困难学生,向每人提供5000元人民币,供他们读完整个学期。但消息一出,申请的人数很快爆棚,收到的申请书超过了40封。

校长犯了愁,请我来决定,究竟资助谁、不资助谁。让我坐在香港的公司里来决定山区孩子的读书权利?这无异于痴人说梦,我绝对办不到!要知道,我的一个决定,有可能会影响甚至决定这个孩子一生的命运,这是多么重大的责任!泰山压顶也不过如此,强烈的社会责任感让我不能草率下决定。

怎么办?

在狮子会和救伤队的日子历历在目,往事又浮上心头。我仿佛又见到每一位义工同仁不辞劳苦，亲力亲为，事必躬亲。这才是做慈善最笃定的态度！

我不再左思右想，带上了5个员工，我决定逐门逐户去考察，到底哪个孩子需要我们的资助。换言之，谁的家里是真穷。

然而，如何判断真穷与否？

"穷困"是一个笼统的词语，若要真的定量定性去衡量，却让人为难。但别忘了，我是干哪一行的！香港注册理财师，理财公司行政总裁，专门负责管理客户资产。对于家庭资产的判断，我有我的一套理论。这次，面对着山区家庭，我拿出我的理论，再加上当地的实际情况，于是得出一套广达梁大年先生判断山区孩子家庭是否真正贫困的标准：

没电视机，没水龙头，更没通电。

这已经是我能想到的最贫困的状态。以此为标准，我和员工们迈上了去山区做"家访"的道路。

道路崎岖，常有泥泞。但这还不是最艰难的，由于山区地势险要，有的地方山路都不能通车，只能坐摩托车一路爬上去抵达目的地。颠簸已经不是什么大问题了，我人生中最惊心动魄的时刻就来自于这段难忘的经历。

做一回跳车英雄

我还记得那一天,那也许算得上是我出生至今,几十年的光阴中,最危险的一次。

那天还是像以往一样,我和员工搭乘摩托车一路上山。山路陡峭,摩托车走在山道上,就像在迷宫中穿行,需要格外留神,不得分心。可能由于早前下过一场雨,路况变得十分糟糕,我们走在九曲十八弯的盘山路上,路边的山坡上还不时有小石子、小泥团掉下来,滚到山路上。虽然我历来胆大心细,此时此刻也不由得开始心焦,听说在山里,一下大雨就容易演变成泥石流,随时会导致塌山的惨况发生。

我心忧这一路上不知是否会遇到危险,只希望我的几位员工没事,他们大老远地随着我来到这里,如果在此遇上不可预测的危险,我将会十分内疚。

我就这么一边赶路一边担忧着。谁料想，光顾着提防山坡的泥石流，却忘了眼前的山路实在太过崎岖，不断滚下来的石头泥块也持续增加着路面的风险。突然，在毫无预兆的情况下，摩托车拐过一个弯道，车胎轧上小石头打滑，"哧"的一声刺耳的刹车声，车轮在地面划出一道深深的车痕后，摩托车竟然飞出去了！

说时迟那时快，就在车身倾斜下来的那一瞬间，我以闪电般的速度跳下了车，并就地迅速移动到安全的位置！

"梁先生，你有没有事！"经验老到的司机也安全着陆，第一时间飞奔到我身边，察看我是否无恙。

我拍拍身上的尘土，强迫自己按下惊魂未定的那颗剧烈跳动的心脏。真的！如果你现在听我的心跳，绝对是心动过快！那一幕简直还在眼前，活生生地放映着。

我冲司机摆摆手，"没事，没事。"

"梁先生，没看出来啊！你的身手很敏捷嘛！像是平时练过两下子！"司机放下心来，一边把车扶起来，试着踩踩油门，看看刹车，检查车子，一边冲我笑着说。

"没有啦，只是平时义工做多了，学了点技能而已。"我不好意思地回答。

司机以为我是谦虚，其实他真的不知道，电光火石间我的所作所为，全赖我在救伤队十几年训练积累起来的迅速反应与敏锐行动，以及学到的逃生技能。

此时此刻，我不知道该如何抑制我那激动的心情。回想刚才的情景，我才知道，当人直面危险甚至可能是死亡的那一秒，原来大脑真的会一片空白，身体做出的任何反应和动作，完全是凭着一种惯性、一种本能。我相信，我的这种逃生的惯性和本能，就是参加救伤队得到的最为宝贵的财富之一。

这场不亚于好莱坞动作大片的经典逃生场景，至今我仍记忆犹新，恍如昨日。它时时提醒我，慈善不是易行之路，我要走的也不是人人能走的平坦大道；而现在我已经走在这条路上，山路难行，我更应珍惜这一路风光，更应慎重而认真地对待每一位等待广达捐助的人。

当上"梁校长"

秉承亲力亲为的原则,我挨家挨户地走访,最后按照我搜集的信息落实了受捐助人名单。这批孩子,我从 2007 年开始资助他们,他们中的很多人现在已经大学毕业,投入社会,为国家、为社会奉献自己的一分力量。这让我很是欣慰,这些孩子给了我一个新的头衔:"梁校长",因为他们每一个人都是我亲自到山区挑选出来的,他们见到我,就像见到亲人一样。

资助中学教育的同时,我把目光投向更多领域。我实地走访了几所山区学校,看到的多是一片颓垣败瓦,这些学校设备匮乏,学生活动及体育场地十分简陋,而学习设施更是无从谈起。

眼前的一幕幕,让我十分动容,也十分痛心,这些山区的孩子们,在如此艰苦的环境里学习,却那么积极向上,求知若渴。他们应该在更好的环境里,勤奋学习,健康成长!广达为社会做的应该可以更多！

亲身的体验是最好的宣传片，它不需要烦琐累赘的语言，就已经说服了我。在2011年，我从"广达爱心教育基金"中拨款30余万元，资助广东省罗定市苹塘镇小学重建计划，该小学被命名为"墩仔广达基金小学"，重建计划包括建造学校围墙、修葺整栋教学大楼（包括多媒体电教室等），将原有的木质门窗换为铝合金窗、金属门，更换教室照明设备，让校舍焕然一新。

之后，我履行了到墩仔广达基金小学给孩子们做出过的承诺：为学校添置了办公设备，重建了卫生间。给孩子们打造了一个舒适、安全、健康、先进的学习氛围。

每次我去看望这些孩子们，他们都围着我叽叽喳喳地说个不停，非常开心。我也受到感染，每次去都会和他们互动、玩游戏，还会给他们上课，讲述一些礼仪礼节方面的小故事，因为我那演讲的艺术，孩子们很喜欢听我讲课，常常被我逗得哈哈大笑。校内一片欢声笑语。在这里，我的个人开场白也引领着孩子们和我互动。

"大家猜一猜，为什么我叫梁大年，我姐姐叫梁小玲？猜中的，我奖个红包！"说到做到，我从口袋里掏出红包，每个红包里已经装好了100元人民币。其实这个答案非常简单，通常10个孩子中有6个能猜到，你也一定早就猜到了：因为我是大年初一出生的。很简单吧！但这样简单的互动，却缩短了我与孩子们之间的距离,让我们更快地成为老友记。

孩子们喜欢我,我也记挂着他们。所以这几年,每过几个月,我都会抽时间,坐上5个小时以上的车程,去当地看望他们,给他们带

○ 广达爱心基金出资重建罗定市苹塘镇墩仔广达基金小学,于2013年完成

些文具、小礼品,跟他们待上一会儿,看到那一张张纯真稚嫩的脸,因为有了新的环境而欢欣雀跃,每个人脸上都挂着灿烂的笑容,我觉得,我的付出,尽管是微薄的一分力量,却带来了巨大的价值,十分值得。

在这一刻,我不是以一个投资家的眼光来判断这些付出。当然,如果一定要说这是一种投资,那么也行,因为我这个"梁校长"所投资的,正是这些当下的孩子们,未来的人才,国家的栋梁;我所投资的,是给社会储备更多新生的高素质的力量。

那么,再辛苦,再奔波,便又如何?一切,无怨无悔。

第四章　大学客座教授

走进高校
创办学院
培养理财人才

广达与多所高校合作

　　资助了中学、重建了小学，广达热诚的脚步却并没有就此停止。其实，自从广达在上海成立了办事处，便开始关注上海及江浙地区的高校教育项目。几年下来，广达分别与复旦大学、上海交通大学、上海理财专修学院、浙江工商大学等多所高校达成了合作与资助协议。而我也陆续被这些高校聘为客座教授。我的诸多身份，因此又多了一个。

其中，2007 年，广达在浙江工商大学成立了"香港广达新星百万奖学金"，立志于帮助内地金融业培养优秀人才，促进地区间的合作交流；并与学校合作打造理财研究实践基地，旨在为内地的金融行业发展出一份绵薄之力。

2008 年，广达与上海交通大学海外教育学院达成合作协议，同意该学院在广达设立香港金融教学活动实践平台，广达为这些教学实践活动提供相关帮助与支持。

自 2013 年开始，我获得上海交通大学邀请，为工商管理学院的学士课程及 EMBA 的学生主讲有关金融理财方面的知识。

2012 年，广达出资 20 万元，在上海理财专修学院成立了奖学金，未来五年将用于奖励优秀的理财界学生，同时也与学院合作运营理财师俱乐部，为培养优秀理财人才贡献力量。

创办广达理财学院

随着广达与内地多所高校和机构的互动增多,为了更好地向内地理财界提供支持与帮助,广达决定创办广达理财学院,以广达香港总部为培训地点,无偿接纳由内地合作院校推荐来的理财、金融专业的学生来香港,在广达进行培训和实践学习。广达此举,不是为自己储备人才,而是希望通过为内地培养未来理财师,带动内地金融人才更加蓬勃的发展。

至今,广达理财学院每年都举办一次未来理财师培训班,每年都有几十名内地高校学子来到广达香港本部接受短期培训,再回到内地为进入社会、进入金融行业而做好准备。

广达理财学院不但义务为内地的莘莘学子开培训班,也接待来自其他不同地区和机构的想来广达学习的暑期工学生,我们给这些学生提供一些暑期工的工作岗位,让他们可以借此机会提早体验一下办公室文化、理财公司的文化，有助于他们找准自己未来发展的定位。

广达秉承回馈社会的理念，多年来一直致力于为社会教育、为培养更多优质人才的慈善事业。一路走来，有几许艰辛、几许汗水，有许多难忘的经历和回忆，有欣慰，有感动，有无奈，有痛楚，当然，也有值得骄傲与自豪的一些成绩，激励我继续前行。

广达也接待海外学生参观学习。有一年，全球知名高校美国哥伦比亚大学 MBA 专业组织了 20 多名学生（分别来自亚洲、美国和南美）到亚洲拜访不同的金融机构，从而让 MBA 的学生们能够了解不同的公司或者机构，了解他们的经营模式是怎样的，有何不同。他们拜访了中国香港地区、中国内地和日本。香港一站，他们选择了广达。

他们来到广达拜访，想要了解广达这样一家独立理财顾问公司是如何运作自己的商业，广达独占鳌头的 B2B 模式究竟是什么。我和另外一名员工花了一天时间和这二十多名学生以及他们的导师进行交流，并给他们做了演讲。对我而言，这是广达值得骄傲的成绩之一，因为哥伦比亚大学这样的国际顶尖院校能够选择广达，也是对广达在这个行业内的成就和地位的认可和证明。

在 2013 年，我被授予"聚贤汇社第二届社会杰出贡献奖"，以资嘉许我作为企业的领导者，在行使社会责任方面所作出的贡献。颁奖的那天我很开心，特地系上我最喜欢的橙色领带。我开心，不是因为我得奖，而是因为我带领广达为社会所做的一切，正在通过社会认可而影响着越来越多的人。有更多的企业领袖开始思考我以前思考过的那个问题：天地万物，能量守恒；得到越多，越应回馈。作为一家良心企业，应该要肩负更多的社会使命与责任，在赚取利润的同时为社会做点事。

我所开心的，是仿佛看到越来越多的追随者，朝着善的方向坚定地走来。

第五章　我就是我，梁大年

如果说

海外市场是我事业的蓝海

慈善公益

则是我人生的蓝海

写到这里，我忽然有种发自内心的愉悦感。回顾大半生走来，在慈善这个领域里，我不是梁总，不是广达的行政总裁，也不是资深的香港注册理财规划师。在这里，我是梁会长，我是梁队员，我是"梁校长"，我是梁教授。这些，是我的第二身份。

商人、企业家、行政总裁、理财顾问、成功人士等等字眼，常常出现在我的履历中。这些字眼定型了我，将我划入某一个群体中。我不喜欢被人定型，不喜欢这些类似桎梏的身份。因此，我一直致力于打破这些桎梏，拓展我另外的人生。如今，有了这四个身份，我的履历上不再是那些单一的字眼了。

我何其有幸！在我原本已经丰盛、成功的事业人生之外，获得了另一种人生。它们丰富了我的人格，精彩了我的历程，也教会了我许许多多商场之外的东西。它们如此珍贵，极其难得。因此，我珍而重之并一心一意，要将这些身份继续演绎下去，还要演绎得淋漓尽致。

我的人生还在继续，而脚下的路越走越宽，条条大路通罗马，条条大路都通向我的梦想之地，那天地混沌初开的边界，那一片我的蓝海。如果说，海外市场是我事业的一片蓝海，那么，做慈善、行义举，帮助他人、快乐自己，就是我个人生涯的另一片蓝海，它引导我去向幸福的远方，一路航行，一路欢笑。

这一路上，我获得了很多，也一直在付出。我坚持我所坚持的，也包容我能包容的。在事业上，我相信天道酬勤，相信几分汗水收获几分耕耘；在慈善中，我相信送人玫瑰手有余香。我一直保有中国传统的朴素哲学：善有善报，当然我从不求回报，只为这一颗赤子之心能令更多人幸福。

我热爱工作，热爱事业，也热爱身边每一个善良的人。每一份善良的馈赠，都像寒夜里的渺茫星光，汇集起来，就呈现灿烂星空。而我，也是这璀璨星空中的一颗星，也许我并没有焕发出夺目的星光，但你一定不会错过我，错过我的精彩故事；你一定能够在浩瀚银河中，用最快的速度看到我。听我对你轻轻地说，缓缓地说、说我的那一片蓝海，说我这大半生的人世繁华。

是的，你一定不能错过，因为——我就是我，我是梁大年。

第三部 核心价值：为你筹划没有风险的人生

告诉每一个与理财有关的人
理财是什么

梁大年的蓝海
陪你迈向理财更高点

第一章　我的哲学：成为 CEO

告诉你

我怎么做 CEO

另类 CEO：宽待他人，严苛自己

常常有人问我，要成为一名 CEO，需要具备什么条件，我是如何成为一名 CEO 的，有什么样的经验可供分享和借鉴。

通常这类问题，让我一时不知从何处说起。

当然，我很了解，人有梦想是好的。西谚有云，不想当将军的士兵不是好士兵。成为 CEO，恐怕是当今多少投身创业的年轻人的梦想与追求。每年，无数金额大小不一的风险投资都在物色这些有梦想肯奋斗的年轻人，帮助他们实现成为 CEO 的梦想。越来越多的人想要独当一面，有更大的野心和抱负，不满足于一世为别人打工，为他人作嫁衣裳。

C，E，O 三个字母无疑像聚焦在镁光灯下的超级巨星，闪闪发光。然而，要担任一名 CEO，绝不是你想象的那么容易。

CEO，英文全称是 Chief Executive Officer，中文翻译五花八门，包括行政总裁、总经理、首席执行官等等。翻开我的履历，看过我之前的故事，你就知道，其实我大半生都在为人打工，虽然曾有过短暂的创业史，但直到 45 岁之前，我几乎没有真正考虑过"如何成为 CEO"这个问题。而我走到今天，进入金融界超过三十年，创立广达十五年，从开创事业，到运作公司，方方面面，若要郑重地总结所谓的成功经验，我想我能与人分享的也就是我的哲学理念：永远将客户、合作伙伴及员工的利益放在我的前面，尽心尽力，做好本分。

首先，对客户。我经常对员工们说，客户的满意才造就我们的生存。客户的资产赚了，开心了，对我们的服务满意了，我们就成功了。所以，我经常强调广达做生意不但要卖产品，更要做好优质的售后服务。事实上，我们花了很多人力物力在售后这一板块上，前文也有介绍。

其次，对代理人。我的经营理念是：代理商成功了，我们也就能成功。因为他们是为我们销售产品的"前线"。所以我愿意用很多时间和资源,去栽培一个刚入行的代理人,当下的他可能对财经、金融等一知半解,但我不介意,我愿意为此付出。于是,这些年来,我在广达提拔或者说启迪了很多代理人从另外的行业转到这一行业中来,并能够在这一行业立足、成长并取得成功,可谓名利双收。

再次,对合作伙伴。我一直认为,有钱大家赚,当其他人赚得比我多的时候,我不会不开心,反而有时候我会宁可自己赚少一点,吃点亏没关系,我看中的是跟他们长远的合作以及长远的利益。我经常对员工说,我们的合作公司也需要运营,也有他们的经营成本和利润空间,如果我们把所有的利润空间都放在自己这边,那么,我们的合作公司还能赚什么?他们还能否经营下去?所以,共赢互利是最理想的,也是我一直对合作伙伴的原则。

最后,对我自己。我想我一定是一个特殊的CEO,因为身为CEO,我给自己的定位是:我在前,员工在后。这些年来,我一直都是将主要精力放在开拓新市场、寻找蓝海上,而当我一旦找到一片蓝海,熟悉了这片蓝海的脾性特点,站稳脚跟之后,我会将这片蓝海交给我的员工去打理、跟进;而我,在短暂停留后便很快启程去远方,去奔赴我的下一个任务,继续寻找下一片蓝海。这些年来,我便一直处于这样的追梦当中,不肯停下来,也没有假手于人,自己躲在后面坐享其成,喝茶叹世界。因而,我常年在各地飞来飞去,是名副其实的"空中飞人"。我就像一个一直冲在最前线的勇士,不惧枪林弹雨,不畏风云变幻,为广达一次次找到新的蓝海、新的契机。

这些就是我的哲学,有人说我傻,说我另类,说没见过不为自己打算的 CEO,但我就是这样走向成功之路的。

那么,我这样的 CEO,你愿意做吗?

CEO 的人才经：量体裁衣，用人不疑

要当老板，就需要人马，兵强马壮，是老板成功的第一步。刘备三顾茅庐是为了请诸葛孔明出山；曹操半夜听闻许攸来降，已经睡下的他高兴得连鞋子也来不及穿就奔了出来迎接……历史上，要想成就一番事业，当个好的领导，重视人才是必需的。

所以，成为 CEO，还有非常重要的一项事业需要去筹谋：人才。我在创立广达之前，打了几十年的工，所以我深知打工的辛苦与无奈，也更因为自己体会过，当我做了 CEO 之后，我善待每一位进入广达的员工。平时，我都舍不得责备员工，更不忍心骂人。在我看来，他们都是有经验的成年人，有自尊，而一旦骂人，我自己会心痛，他们也会尴尬。所以十五年来，印象中，我几乎没有骂过人。

只有唯一的一次，我破了例。

那是在三个月前的一次销售部会议上，我真的开口骂人了。对方是一个负责广达大额生意的员工A君，四五个月了都没有跟进客户的需求，市场充满变数，因为他要代表广达向银行借钱的。头三个月银行都愿意借款，但到了第四个月，银行忽然不借了。我们每一单大额生意的利润动辄几百万港币，如果不用心做，对广达而言损失很大。我向来都给员工很大的自由度，一般他们日常的工作事宜我从不过问，但这位员工连自己的本职工作都没有去认真执行，不仅当月的销售目标没有达到，眼前有生意他也不去用心跟进。

我非常生气，"既然你无心在广达工作，倒不如离开吧！"我当场就把他辞退了。

我的用人标准是，凡事看他的长处和优点，对方身上有缺点和不足，能包容的我都尽量包容。比如，有一位员工B君，跟随我很多年，之前是被派去负责中国台湾地区市场的。当时台湾市场的生意很好，他不需要去开拓市场，生意就会自动找上门，他要做的就是像一个邮差，只需查看一下合约内容有无错漏，如此而已。所以，我说他是"温室里的花朵"。也正是因为之前的工作没有压力和挑战，太过舒服和顺利，后来我把他派到其他地区去开拓新市场时，他便出现了不适应。两三年间，他的销售任务都没有达标。

有员工私底下问我："梁总，为什么你对这位B君的容忍度如此之高？"

我笑了笑，说："有些人对你而言可能没有价值，但对我来说有价值。如果从宏观的角度去看，其实业内很多人都认为他不错，只是现在'找不着北'了。那么，我就给他时间，让他把方向找回来。"

除了包容，我也会适时地帮这些员工解决一些他们面临的问题，让他们能够更加从容地为广达去奋斗。

举个例子，员工C君与代理人小黄有联络，某天小黄打电话给C君：

"C先生啊，我有兴趣代理你们广达的某商品，但不知我的佣金是多少呢？"

C君正在做出差的准备，应付说："好啊，我先去问一下老板，明天答复你！"

到了第二天，小黄没等到C君的回复。一周后，小黄忍不住又给C君打了个电话。

"C先生啊，上次我跟您说的那件事情，您帮我问了吗？"

"啊，不好意思，太忙了还没有问，我现在要去杭州出差，回来再答复你吧！"

结果又是杳无音信。小黄忍无可忍，最后跑来直接找我了。

"梁老板，我受不了了！"

我问她怎么回事。

"我有客户真的是很想买你们的某产品，但我连佣金有多少都不知道，我怎么去帮你们卖这些产品呢？"

我搞清楚事情的来龙去脉之后，便对C君说，你自己忙得没空处理，那你可以让你的助手去处理这些事情啊，不能这样一而再再而三地推脱。这样对公司也会造成损失。后来，我派了他的助手去找小黄跟进，此事总算得到了圆满的解决。

可以说，我的用人标准是用人不疑，疑人不用。但具体来说，用人也要扬长避短、量体裁衣、因材施教。毕竟，用好了，这些都是未来独当一面的大将。

CEO 的接班人：建立梯队储备

随着员工人数的增多，生意份额的增大，十五周年庆典的即将到来，广达也迈入了新的阶段。我的心愿一直是将广达打造成为像连卡佛那样的百年老店，可以永续经营、世代延续。基于这些考虑，我开始有意识地培养"接班人"。

当然，"接班人"这个词并不准确。我很赞同的一种观点是：企业不应该仅仅是培养一个接班人，更是要建立管理人才梯队。也就是说，企业要传承，不是把它简单交给某个人手里就算完成了，而是应该建立起完整的人才体系，让企业能够在一个良好的体系中运营。因此，我采用了第一梯队、第二梯队与第三梯队的培养模式，为公司储备良才。

虽然我对员工们的工作很放心，虽然我忙于飞来飞去，但只要在公司的时间，我会认真观察员工们。我会考虑，哪些人能做第二梯队，哪些能做第三梯队。现在我的心中已经有了初步的蓝图。如果有一些非常特别的、我很看好的人才，我会多花时间和心血在他身上，例如，我会尽量有事情去问他的意见，找他开会，我会第一时间告诉他公司未来的方针和规划，让他知道我在想些什么。

当然，由于我是做营销出身的，在销售方面的优势比较明显，起码占到80%左右。所以我培训人才，也会更加侧重培养销售团队，希望能将公司的销售目标再创新高。而公司管理方面，我认为这些工作较为简单一些，所以都是交给后勤部的员工们去处理。而营销工作需要开拓市场和客户，更为艰难、辛苦。

当然，广达的营销工作做得还是不错的，现在国内有很多想做渠道的人，都会主动上门找我们。情形就像当年开发台湾市场时，台湾本土的渠道商想找平台提供理财产品，便主动来找广达，有的打电话来，有的发电子邮件，一个月收三四封电子邮件是等闲事了。国内有些渠道商如今也通过各种方式联络我们，比如有的保险商发邮件说，他很有兴趣代理境外保险，认为广达的平台很好，咨询我们如何才能成为广达的代理人。酒香不怕巷子深，说起来，这也是广达这十多年来在业内积累的口碑使然。这也是让我自豪的一点成绩。

生活中的 CEO：爱高尔夫，也爱电影

身为 CEO，平时的压力非常大，工作量也很多，因此我也有一套我自己的减压方法。

我喜欢打高尔夫球。每个周末，只要我在香港，就会约朋友去打球，享受一片纯净大自然的绿色环境，那一刻，我会忘记公司的事情，享受当下的愉悦和放松。

平时在忙完之后，或者是出差的时候，我喜欢去酒吧和朋友喝杯酒，聊聊天，这也是我放松的方法之一。

生活中的我，是个感性的人。我喜欢看电影，尤其是感人的电影，我会被感动得流泪。所以，文艺片、爱情片都是我喜欢看的类型。像经典电影《时光倒流七十年》、《人鬼情未了》等，我已经反复看过很多遍了，每次看依然还是很感动。另外，我还很欣赏一些有拍摄技术的电影，像动作电影。

我的休闲时间不多，所以只要有时间，就会找这些我喜欢做的事情去自娱自乐。所以，我是个蛮自得其乐的人。

身边的朋友或者同事常说我是个超人，精力旺盛，每天睡得比别人少，但依然精神抖擞。我当然不承认自己是超人，我想我之所以这么多年来能保持旺盛的体力、高效率的工作状态，首先，因为我一直提醒自己，作为生意人、公司老板，必须时时保持警觉，与时并进，适应环境，随时做出调整和变化，这才是营商之道。另外，也跟我平时懂得去放松休闲、调整心态有关。

第二章　CEO 点评：
理财是一门艺术

理财的关键词

尽在此中

对想入行和刚入行的年轻人
——金融有风险，入行需谨慎

事实上，作为一名资深的理财界专家，针对每个国家和地区市场特点的不同，我会对那些想要进入投资理财界这一行以及刚入行的年轻人们，做出不同的建议。

拿广达最大的市场——中国内地来说吧。在我看来，内地从事这一行业的年轻人，思路和眼光都还是相对局限、短浅，他们看不到长远的目标和利益。在成熟的市场，理财顾问们会先将目光放在客户的利益上，然后才看到自己的利益。而中国内地尚算一个未成熟的市场，还有一些不文明的市场行为存在。所以很多问题也就避免不了。

我想对这些年轻人说，在这个行业，如果你将提供金融理财服务视为一项事业，那么我有四点建议：

第一，以一颗坚毅的心去拼搏、去扛个三五年，积累客户群。

积累了客户群，才能得到客户的口碑，客户才会愿意跟随你。将来你向客户建议投资什么、买什么，客户才会信任你。而要积累客户群，就要以客户利益为先。你对人家好，人家自然感受得到。将心比心，以心换心。

第二，一定要将自己打造成理财专家。

或者，即使不是专家，也要是个专业的理财顾问。我认为所谓专业的理财顾问，不是一个保险经纪那样简单，如果你是一名保险经纪，那么你只需要懂得保险知识就可以做生意了。然而，如果你想成为专业的理财顾问，那么你就要做好成为一名通才的准备，也就是说，你什么都要懂，包括每一个领域、每一种产品、每一条渠道、每一个工具等等。

当然，没有人天生就会这些，你需要时间去学习、去浸淫。所以，我们业内人士经常形容要想入行，就要把自己变成一只"豉油鸡"。豉油也就是酱油，豉油鸡是粤港澳地区的一道驰名菜式。做法是将鸡泡在酱油中，泡得越久，鸡的颜色越深，味道也就越鲜美。做理财顾问也是同样的道理，入行前，你可能"白白嫩嫩"（也就是说一片空白，对这一行可能一无所知），入行后，就要把自己泡成"豉油鸡"（在这一行泡得越久越专业）。

第三，用心选择第一家公司。

成为理财顾问，有很多东西你并非专业的，没关系，在你工作的公司，背后一定有一帮专业人士、研究团队，他们负责提供数据。所以，要想成为一名优秀的理财顾问，在入行时也要选择合适的公司作为你的发展平台。如何判断这家公司是否值得加入？且不看它规模大小，最重要的是，在面试时，你应该问问面试官，这家公司的愿景是什么，发展目标是什么，如果他们答不出这类问题，我认为这家公司不值得你投身去工作。

第四，根据自己的特点，找准定位。

以上是我针对在第一线工作的年轻人所做的建议。而金融理财行业除了前线的销售，还有后勤的支援和管理。虽然，众所周知，做销售的如果成绩不错，收入也会很客观，但我还是建议，你想做销售还是做支援，要看你自己的性格适合什么，你的兴趣点在哪里，做出适当的选择。不要跟风，不要人云亦云，尽量扬长避短。总之一句话，适合自己的就是最好的。

这些就是我想对当下年轻人，无论是想入行的，还是刚入行的，我作为过来人，作为在这一行泡了三十多年的人所给予的一些建议与忠告。

对大众投资者
——不要把鸡蛋放在同一个篮子里

对于那些不了解投资理财为何物的普罗大众,我会用一个比喻来向你说明,为什么需要理财服务。

假如现在你的面前有两部电梯,一部电梯有一条缆绳,但是里面很多人;而另一部有三条绳,你会选择哪一部?

答案不言而喻。三条绳肯定比一条绳要安全。没有人愿意遇到危险,理财服务的核心价值,就是为你筹划没有风险的人生。所以,假如你是高资产人士,但你的资产全都放在本土,那么就存在风险。我们会对客户说,要有国际观。何谓国际观?就是你的资产不应该全放在本土,应该进行海外投资,而且不只是投资一个国家和地区。

所以,我们对高资产人士的建议:

第一，在海外建立一个私人银行账户。

第二，如果需要买保险，我会建议你在海外也买一份保险，海外的保险保费平均较低，如果你想买一份大额保险，我建议你来香港咨询和比较一下。

中国内地、日本、泰国和韩国有不少人客人会专程来香港购买保险，因为香港的保险比当地便宜20%～25%，物美价廉。当然，小额保险就没必要专程来买。所谓大额保险，定义在100万美元以上，达到这个档次便值得来港购买了，需要办理申请手续。

第三，如果你没达到私人银行的门槛，对买保险又没有需求，我会建议你在香港开一个理财账户。理财账户有两种服务平台可供选择，一种是由第三方理财公司提供，另一种是由保险公司提供的，你可以从中选择。

第四，手上应持有部分国际流通货币，业内叫做硬通货，如美元、欧元和英镑。如果你持有美元，可以考虑投资一些用美元做交易的商品，如美元的物业、美元的保险等等。大致来说，资产中应该有10%左右是硬通货。

对投资理财这一行
——亚洲投资形式将改变

从事理财行业这三十多年来,我亲眼见证了这一行以及不同的市场所产生的翻天覆地的变化。亚洲地区的经济环境,因中国强势崛起而带动,发展态势越来越蓬勃;日本则利用其丰厚的国库储备做后盾,启动宏观经济宽松政策,保持区域内的资金充裕以及高流动性,投资行为活跃;而在目前环球人口增长放缓的大趋势之下,印度尼西亚和菲律宾仍然能够提供大量的廉价劳动力。总体而言,亚洲经济保持继续发展的条件充分,前景光明璀璨。

但我认为,亚洲投资形式将有所改变。综观而言,亚洲仍处于经济发展初期,投资市场基本上由散户主导,但散户的金融水平参差不齐,投资情绪也容易受到表面环境的牵动,因此散户的投资长远绩效比不上机构的专业投资者稳定。以欧美投资市场做蓝本,未来散户将通过委托形式逐渐转角机构专业投资者操盘代替个体行为。

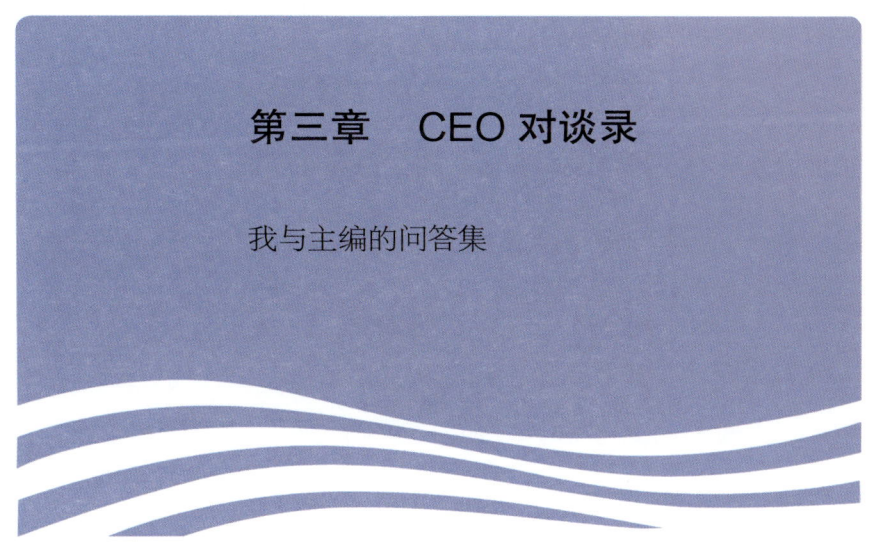

第三章　CEO 对谈录

我与主编的问答集

理财顾问的门槛在哪儿？

由于香港是位列前茅的世界金融中心之一，市场受严格监管，确保投资者利益，因此，任何人要成为理财顾问，需要通过几道晋升的门槛：

首先，要具备良好的学术基础，最好拥有和经济或金融有关的学位，了解金融市场的一般运作情形；其次，通过香港证监会定期举办的不同类别的证券及期货牌照公开考试合格；最后，受雇持有相同证券牌照的香港公司。

符合了所有上述的条件才有资格申请理财顾问牌照，获香港证监会发牌后，方可进行受监管的理财业务。

此外，各类别证券持牌人士每年还须接受固定节数认可的持续专业培训，才可继续执业。

以上这些都是从事理财顾问的基本条件。但在我看来，做理财最难跨越的门槛还是时刻用心，对工作热忱，对客户诚恳。

为什么广达能取得这样的成绩?

我想,作为香港人,我们拥有一个得天独厚的优势即东西文化兼备,这是周边其他国家和地区如泰国、菲律宾、日本、韩国等还没有机会学到的,这就是国际观。

在香港,我们能接触到世界上所有不同种类的理财工具;但最重要的是学以致用,付诸实践,利己利人。世界时刻在变,金融市场日新月异,去年最赚钱的投资项目今天可能已是明日黄花。

因此,金融从业者必须推陈出新,把握先机,创造还没开发的市场;创立自己的品牌。这一切工作我归纳为蓝海策略。

所以我将自己定位为一名传教士,将蓝海策略理财的理念推广到各方,让有需要的人懂得如何把资产增值,如何安排资产承传,如何做好资产避险,等等。

创立广达十五年,有什么感悟?

十五年来,我的感悟很深:创业难,守业更难。一家公司遇到风险或者是经营危机,是很难避免的事情,但穷则变,变则通;所以一旦遇上困难,只要积极应对、顺势而为,往往也能柳暗花明又一村,箫鼓追随春社近。因此,只有常怀危机感,遇事随机应变,才是化解经营风险的唯一方法;反言之,如果生意停滞不前,就应该思变,不能坐以待毙。

广达2003年因SARS肆虐,生意大受挫折,我们乘机闯出香港,创造了台湾的蓝海市场,迎来广达兴旺的时光;但日子长了,同行跟风者众,人人抢攻台湾,市场变天,蓝海逐渐变成红海。

所以,要保持市场领导优势,我认为一方面要不断创新开源,正如我们加强销售电子化;另一方面,努力做好所有产品的审查,以保证产品质量,不断提升服务,务求使广达平台独树一帜。

有没有想过退出这一行,退出这个游戏?

虽然我一直专注理财行业,亦坚信这市场有其存在的需要和价值,同时看准它的前景广阔、发展空间不可限量;但碰上经营极端困难的时候,亦难免思退,转行我素来喜欢也擅长的饮食业,开一家新颖的融合食谱的餐厅。

经营困难的日子总是过去了,不过现在因为事务缠身,也腾不出时间做别的事情。未来,我想等广达建立的人才梯队成长和成熟起来,接手公司事务之后,我就有时间去做我想做还没做的事情了。

你认为自己最大的成就是什么？

成立公司以来，我的社交网络扩大了，使我认识更多的人；同时，公司赚了钱，令我力所能及，多做善举，帮到需要帮忙的人。庆幸的是，我拥有一点个人善意的魅力，因而广达能够荟萃很多人才，个个都竭尽所能，全力为公司效劳。

另外，广达历经两次大危机，包括SARS肆虐和金融风暴，皆能一一化解，在充满风险的环境中茁壮成长起来，在业内树立不错的口碑和成绩。作为公司的领导者，我也倍感自豪。

你认为家境对青少年的发展影响有多大？主要影响是什么？

从我自身的经验来看，家庭环境对青少年后来事业的发展影响并不大；环顾世界富豪，其实有不少是清贫子弟出身。富裕家庭的子弟顶多享有较佳的事业入门平台，但以后的事业发展还是要看个人的表现。

因此，"拼爹"理念我并不认可，不敢苟同。

你如何教育下一代？

以身作则，是我认为教导子女最有效的方法。

另外，没规矩不成方圆。我会教导他们，做什么事情都需要确立目标，然后坐言起行，朝着自己的理想去奋斗，方不辜负人生一回。

否则，当你老去，回想起来，这一生有何特别的回忆，细想来竟没有刻骨铭心的，到那时再去惋惜悔恨，岂不晚矣。

回望大半生，你是否做过一些后悔的决定或者过错？有何教训？

很后悔的事情，说真的是没有；有点遗憾的是我太过工作狂，没有多拨点时间给家庭、陪太太，我心有愧。

总的来说，我最痛心的过错，莫过于决定要做而最终没去做的事情。让我丧失了机遇。这令我明白了一个道理："有花堪折直须折，莫待无花空折枝"。

第四章　CEO 寄语：
我有一个梦想

人人心中有寄托

我的寄托就是广达

　　电影台词说得好，做人没有梦想，与一条咸鱼有什么分别？每个人心中都有一个梦想，过去我没有，但自从踏上理财之路，我开始朝着目标努力地奔跑、跋涉，我开始了追梦之旅。我也变成了有梦想的人。

　　我的梦想，说出来也许你会觉得可笑，但我依然决定，在这本书的尾声部分说出来。

　　我不求大富大贵，不求名利双收。我不在乎赚多少钱，不在意世俗物质丰厚。我所追求的是，广达能够去到更多的国家和地区；我所追求的是，这些国家和地区的人民都知道，是广达启发了他们走上资产管理与投资理财之路，他们说没有广达，他们在海外就不可能有账户；我所追求的是，每一个人，当他想起财产安全、财产增值与财产继承这些需求时，就想起广达；我所追求的，是每个人的心里都有一个寄托，这个寄托就是广达。

这，就是我的梦想。

梦想是一条蜿蜒的小河，而我有幸追寻了它；冰封再久，总有一天会冰霜瓦解，春暖花开；走得再远，我仍然相信，在路的尽头，我终究能看到它——那一片蓝海。

| 主编后记 |

让"态度"伴你追梦

《梁大年的蓝海——陪你迈向理财更高点》终于来到读者面前。作为这本还带着油墨清香之书的主编,我在欣慰之余,掩卷而思,触动良多。

从事教育工作逾三十年,在教学过程中我常与年轻人进行交流沟通。因此,我深切感受到年青一代的迷惘与焦虑、困惑与不满。他们对自己、对现实生活、对周围环境,甚至对自己的未来,都存在各种疑问。这种疑问,被带入他们的日常生活与学习之中,令他们带着问号,日复一日、年复一年的成长。

我深深感到,有必要将更多正能量传递给大家,将美好而激励人心的故事分享给大家,你眼前的这本书便是一本充满正能量的书。梁大年先生作为一名国际理财集团的CEO,他的追梦故事不但令人振奋雀跃,也为年轻人勾画出一条清晰的追梦之路,像梦工厂一样启发读者如何去实现自己的梦想。

要有勇气做梦。

据我观察，现今的年青一代更像是迷惘的一代。他们按照父辈、老师们给他们安排的路按部就班地走下去，少了做梦的勇气。每一个人都应该有梦想，而梦想应该分长期梦想（或称终极梦想）与短期梦想，比如梁大年先生，他的长期梦想就是追寻自己事业的那一片蓝海，而在追逐的时光里，他不断树立新的短期目标，如开拓中国台湾地区、日本、印度尼西亚等新市场。无数个短期梦想树立与征服的过程，就是走向你的终极梦想的希望之旅。

追梦之旅，应该脚踏实地。

古人云，不积跬步，无以至千里。任何雄心壮志，都是从脚下的这条路开始延伸的，所谓一屋不扫，何以扫天下！追求梦想，不等于做白日梦，千里之行，始于足下，树立基于现实基础的梦想，然后一步步实现它，是达至梦想的最可期的途径。

敢于为梦想付出，不怕失败。

小时候的爱因斯坦，在老师面前掏出的那个又丑又笨的小板凳，已经是他所做的十几个里面最好的；长大后的爱因斯坦，发明了相对论，成为永恒的天才。世人只见大师们的成功，却不见成功背后的心酸与汗水。而成功，往往是在一次次失败之后，一闪而现。"山穷水复疑无路，柳暗花明又一村。"梦想或许就在转角处，只要你坚持走下去，不怕路途遥远，日久年深，终能见到。

态度决定一切。

梁大年先生给我的最深印象，莫过于两个字：微笑。无论何时你见到他，他总是笑眯眯的，谈起工作中的一些事情，也总是正面而积极的态度。我想这就是他成功的根本原因之一，也是所有追梦者在最初时应该树立的正确的价值观：积极、从容、淡定、豁达。不为一时之风吹雨打而动摇内心的希冀，也不会在眼前的拦路石前驻足不前。追梦的路上一定有风云变幻，世事无常，拥有正面积极的人生态度，坚持下去的才是最终的胜利者。

最重要的一点，要做追梦人，你应该有终生学习的精神。

只有不断学习，不断进修自我，你才能在追梦之旅中不断升级你的装备，才有可能去到更远、站得更高。就像梁大年先生在书中分享的历程，为了实现自己的梦想，他重回校园，并不断进修，提升自己的学识与眼界。如此他逐步实现了自己的梦想，达到了他的成功。

你的梦想看起来可能触不可及，其实一切有迹可循。希望这本书启发你有勇气塑造梦想，并积极开始追逐梦想。相信我，只要肯付出、肯学习，终有一日，你也能实现你的梦想，抵达幸福的终点！

简倩如
2014 年 9 月

梁大年的蓝海

陪你迈向理财更高点